대인관계와 조직이해

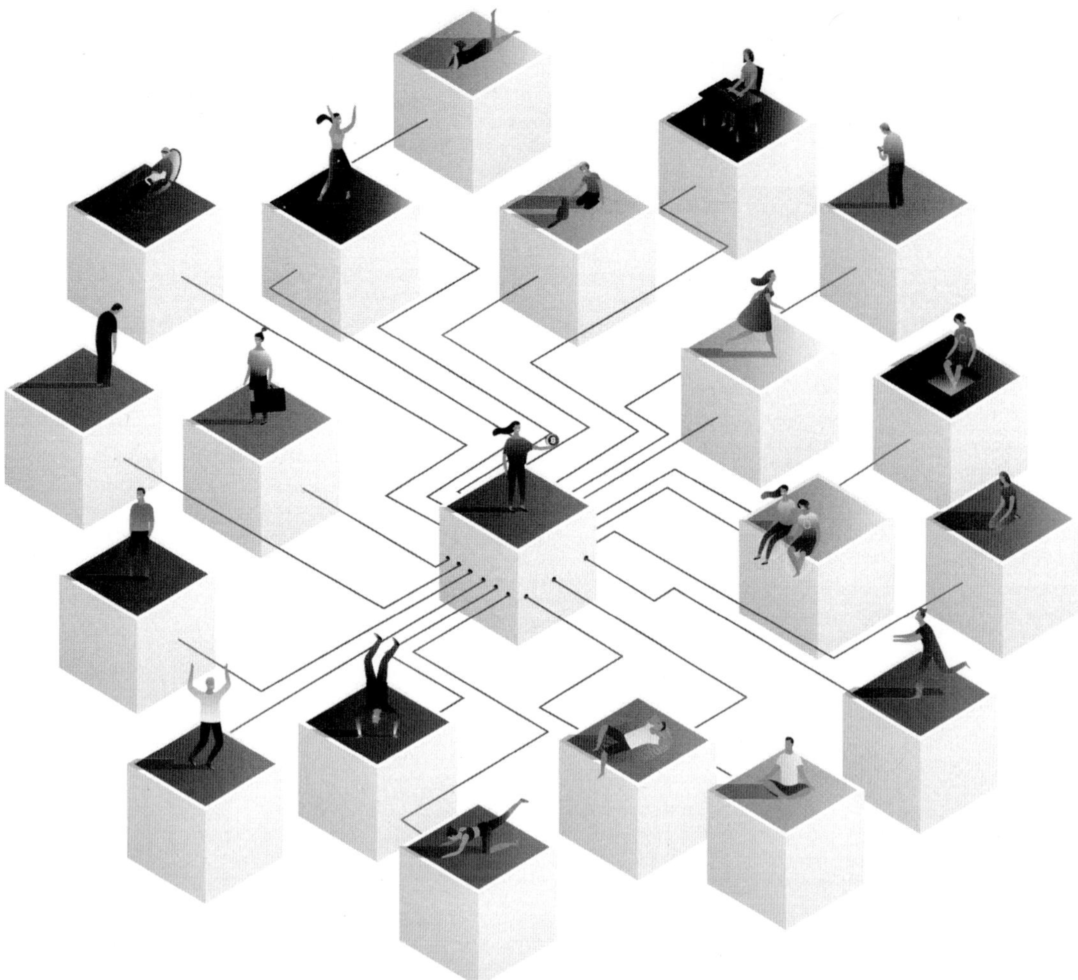

대인관계와 조직이해

Interpersonal relationships and organizational understanding

이종원 · 김윤배

dm 동문사

머리말

책을 집필할 때 제일 먼저 떠오른 말은 '사회적 동물'이다. 사람은 개인으로서 존재하고 있으나 끊임없이 다른 사람과 관계를 형성하고 있다. 식당에서 밥을 먹을 때, 물건을 구입할 때도 다른 사람을 만나고 대화를 하며 관계를 형성한다. 사람은 사람들의 관계 속에서 살고 있으며, 그 사람들의 관계 속에서 기뻐하며 슬퍼하기도 한다. 아쉽게도 우리의 일상에서 많은 역할을 차지하고 있는 대인관계를 별도로 학습하는 경우는 적다. 부모님의 모습이나 친구 또는 타인의 모습을 보고 따라 하는 경우가 많다. 조금 더 체계적으로 대인관계를 형성하고 더 나아가 조직의 한 구성원으로서 성장하기 위해 조직도 함께 이해할 필요성이 있다.

본 교재는 우리의 일상 속에서 많이 활용되고 있는 대인관계에 대해 기본적인 개념을 이해하고 대인관계 능력을 향상시킬 수 있는 방법에 관해 이야기하고자 한다. 구체적으로 팀워크, 멤버십, 리더십, 코칭, 임파워먼트, 갈등관리와 협상에 대해 이해해야 한다. 또한, 조직에 대해서도 이해를 해야 한다. 학교를 졸업하면 많은 사람들이 취업을 한다. 회사, 병원, 복지관 등 경제적 활동을 하는 조직에 들어간다. 조직에서 많은 시간을 보내며 조직 안에서 일을 한다. 조직을 이해하지 못하고 생활한다면 많은 시간이 힘든 시간이 될 수 있다. 기본적으로 경영과 조직의 개념을 파악해야 한다. 그리고 조직구조, 조직문화, 조직의 의사결정과정 등을 학습해야 조직생활을 하는 데 도움이 될 것이다.

최대한 최신 사례와 영화 사례들을 찾아 학생들이 쉽게 이해할 수 있도록 노력하였다. 본 교재를 통해 학습하는 학생들의 대인관계 능력이 향상되고 조직을 이해하는 데 도움이 되길 바란다. 그리고 부족한 원고의 출판을 허락해 주신 동문사 이중수 대표님께 감사드리며, 항상 옆에서 응원해 준 가족에게 사랑한다고 전하고 싶습니다.

2022년

저자 대표 이종원

CONTENTS

차 례

CONTENTS

CHAPTER 01

대인관계의 이해

학습목표

1. 대인관계의 의미를 설명할 수 있다.
2. 성장단계별 대인관계 특성을 설명할 수 있다.
3. 대학생의 대인관계에 대해 설명할 수 있다.
4. 대인관계의 중요성에 대해 설명할 수 있다.

01 대인관계의 의미

대인관계(對人關係, interpersonal relation)는 대할 '대(對)' 자와 사람 '인(人)' 자가 만나 사람을 대한다는 대인(對人)이라는 뜻과 관계할 관(關)자와 맺을 계(係) 자가 만나 둘 이상의 사람, 사물, 현상 따위가 서로 관련을 맺거나 관련이 있다는 관계가 결합한 말로써 사람을 대하고 사귀고 하는 일, 집단 생활 속의 구성원 상호 간의 심리적 관계를 의미한다. 인간관계(人間關係)는 인(人)자와 사이 간(間) 자가 결합한 말로 사람과 사람 사이의 모든 관계로서 대인관계와 보통 혼용되어 쓰인다. 대인관계는 사람을 대하는 개개인의 두 사람 사이의 관계를 말하는 것이고, 인간관계는 인간과 인간의 심리적인 관계를 의미하는 타인과의 상호작용 과정이다.

인간은 동물 중에서 긴 양육기간과 성장기간을 가지고 있다. 생물인류학자인 셔우드 워시번은 '도구와 인간의 진화'에서 인간은 직립보행으로 인해 골반 크기가 줄어들었고, 좁은 골반을 통해 나올 수 있는 정도의 크기까지만 엄마 배 속에서 자라다 세상에 나오다 보니 미숙한 상태로 태어난다고 하였다. 부모는 다른 동물보다 연약한 아기를 살뜰하게 보살펴야 하고, 더욱이 복잡한 사람의 뇌는 다양한 기능을 수행하기 위해 많은 시간이 필요하고, 기본적인 육아 기간도 길어져 태어나자마자 걷고 매달릴 수 있는 다른 야생동물보다 육아가 힘들 수도 있다. 따라서 인간은 태어날 때부터 다른 사람들의 도움과 보호를 필요로 하며, 태어나서부터 죽을 때까지 끊임없이 다른 사람들과 관계를 맺으면서 살아가는 사회적 존재이다.

고대 그리스 철학자 아리스토텔레스(Aristotle)는 인간을 '사회적 동물(Social Animal)'이라고 하였다. 사회적 동물이라는 말은 다른 구성원들과 수많은 상호작용이 수행되는 사회를 만드는 생물을 가리키는 용어이다. '인간은 사회적 동물'이라는 것은 인간의 특성을 설명하는 표현으로, 인간은 개인으로 존재하고 있어도 홀로 살 수 없으며 사회를 형성하여 끊임없이 다른 사람과 상호작용을 하면서 관계를 유지하고 함께 어울림으로써 자신의 존재를 확인하는 동물이라는 의미로 해석하고 있다.

인간은 본래 불완전한 존재이기 때문에
공동체 안에서만 완전해질 수 있다.

그림 1-1 아리스토텔레스의 사회적 동물

인간은 혼자 살아가는 것보다 여러 사람들이 관계를 맺으며 살아가는 것이 좋다. 철학자 니체는 "함께 침묵하는 것은 멋진 일이다. 하지만 그보다 더 멋진 일은 함께 웃는 것이다"라고 했다. 두 사람 이상 함께 똑같은 일을 경험하고 감동하며 울고 웃으면서 같은 시간을 보낸다는 것은 사람들이 모여 이야기를 나누고, 서로를 칭찬하며 위로하면서 대면활동 방식으로 쌓은 우정과 연대는 사회적 관계망을 이루는 기초적 토대로 보고 있다.

읽을거리 공동체의 윤리학을 강조한 아리스토텔레스

이탈리아 로마에 가면 세계에 가면 가장 작은 나라인 바티칸 시국이 있다. 바티칸에는 교황이 거주하는 관저인 바티칸 궁이 있는데 바티칸 궁에 있는 유명한 그림에는 라파엘로의 아테네 학당이라는 그림이 있다. 아테네 학당에는 30여명의 철학자 들이 등장하는 데 그 중에서도 그림의 가운데 에는 붉은 옷을 입은 플라톤과 푸른 옷을 입은 아리스토텔레스가 등장한다.

바티칸 궁의 아테네 학당

플라톤은 하늘을 가리키고, 아리스토텔레스는 땅을 가리키고 있다. 그래서 사람들은 플라톤은 이상주의자로 눈에 보이지 않는 이데아에 대해 이야기 했으며, 아리스토텔레스는 현실주의자로 자연과학을 중시했다고 한다.

그들의 손에는 각각 한권의 책이 들려있다. 플라톤의 손에는 '티마이오스', 아리스토텔레스의 손에는 '윤리학'이 들려있다. 아리스토텔레스의 경우 자연과학에 대한 유명한 저서가 많음에도 그의 손에는 윤리학이 들려 있었다.

아리스토텔레스는 인간의 행복에 초점을 맞추었으며, 인간은 혼자서는 살 수가 없는 불완전한 존재이기에 공동체로서 완전해질 수 있으며, 공동체에서 살기 위해는 윤리학이 필요하다고 했다. 우리가 대인관계를 이해하기 위해서는 평등한 관계에서 상대방을 이해하는 도덕적 성품을 기르는 것부터 시작해야 한다.

미국의 정신과 의사로 대인관계 이론을 발전시킨 설리반은 대인관계를 '인간의 발달과 성장에 중요한 근원이며 자신만의 자아를 형성하고 발달시키고 애정과 친밀감에 대한 욕구를 충족하는 타인과의 상호작용'으로 보았다. 건강한 대인관계는 자신을 적절히 표현할 수 있고, 상대방으로부터 이해와 우호적인 피드백을 받을 수 있으며, 서로의 성장을 진정으로 바라고 돕는 관계를 유지하면서 각자의 정체감과 독립성이 보장되는 관계라고 할 수 있다. 반대로, 다른 사람들과 효율적인 대인관계를 형성하는 능력이 부족한 사람은 고립감이나 공허감 같은 심리적인 혼란이 올 수 있으며, 자신이 힘겨운 상황 속에 놓여있을 때 주변 사람들로부터 관심과 애정을 받지 못하면서 정서적으로 외로운 상태가 지속되고 자신에 대한 가치감이 저하되고 스스로에 대한 열등의식을 만들게 되어 우울, 불안 등의 정서적인 문제가 생길 수 있다. 따라서 건강하고 효율적인 대인관계는 개인의 행복과 불행, 만족과 불만족을 결정하는 핵심적인 요소가 되어 개인의 삶의 질을 좌우할 수 있다.

02 성장단계별 대인관계 특성

미국의 정신과 의사 설리반은 경험에 대한 강조를 바탕으로 성격의 발달에 영향을 주는 사회적, 문화적 요인에 초점을 두었고, 대인관계에 영향을 주는 성격은 유아기, 아동기, 청소년기를 거쳐 발달해간다고 하였다. 인생 초기의 대인관계 패턴이 성격유형에 매우 중요하며 개인의 행동에 계속해서 영향을 준다고 하였다. 설리반은 성격발달을 자아의 진화로 보았고, 성격발달의 7단계는 영유아기, 아동기, 소년기, 청소년 전기, 청소년 중기, 성인기로 발달한다고 하였다. 각 성장단계별로 욕구가 해소되지 않으면 불안을 겪고 심리적으로 문제를 발생한다고 하였고, 이러한 이론은 심리치료를 위해 현재, 과거의 대인관계 등을 탐색하여 문제를 발견하고 해결하려고 한다.

1) 1단계 영유아기

출생하여 의사소통을 할 수 있는 능력을 획득할 때로 18개월 이내에 해당한다. 아동에 대한 수유가 최초의 대인관계 경험이 되며 유아기의 특징은 자기와 객관적 세계를 구별하기 시작하며, 신체의 욕구와 관련된 긴장을 다루는 것을 학습한다고 한다. 가장 중요한 자아 역동성이 이 시기에 시작한다고 한다.

2) 2단계 아동기

언어능력의 발달과 더불어 시작하며 6세까지 지속한다. 놀이 친구가 필요하며 언어발달이 종합적 경험의 조직을 가능하게 한다. 더욱 일관된 자기 체제를 형성하며 자신을 남성적 역할 또는 여성적 역할에 동일시시키고 소꿉놀이를 많이 하며, 자신의 행동에 대하여 타인이 언어적으로 인정하거나 거부하는 여러 표현 방식을 인식한다. 부모가 지나치게 자신의 행동을 인정하지 않는다고 생각하면 부정적으로 세상을 보기 시작하여 아이는 타인의 좋은 점을 보지 못하고 부정적인 측면만 볼 수 있게 될 수 있다.

3) 3단계 소년기

아동이 유치원에 들어갈 때 시작하여 5년 정도 6~9세에 해당한다. 또래, 선후배, 교사, 다른 어른들과 같이 가족 외 권위자의 말을 듣는 경험을 쌓고 경쟁적 협조적 태도를 배우며 집단의식의 의미를 배운다. 더욱 높은 사회화 수준에 노출되어 협동적, 경쟁적인 관계를 맺으며 평가를 받고, 이러한 경험이 자아 역동성에 통합된다.

4) 4단계 청소년 전기

10세~13세로 동성의 친구와 친근한 관계로 단짝 또는 짝꿍과 같은 욕구가 특징이며 순수한 대인관계를 가지기 시작한다. 의존적 관계에서 벗어나 상호관계 및 상호작용이 있는 동료 관계를 형성하며 친한 친구가 없으면 절망적인 고독감에 빠져들 수 있다.

5) 5단계 청소년 중기

17세까지 지속되며 사춘기의 생리적 변화로 인해 성적 욕망을 경험하며 이런 감정경험이 성격에 작용하고 이성 간의 관계발달을 유도한다. 이 시기는 동성 친구에 대한 친밀감 욕구로부터 이성 친구에 대한 애정욕구의 분리가 문제가 된다. 이러한 두 욕구가 제대로 분리되지 못하면, 이성애보다 동성애 경향이 올 수 있다.

6) 6단계 청소년 후기

23세까지의 20대 초반을 말한다. 선택적인 성적 활동의 형성에서부터 여러 교육적 단계를 거쳐 개인적 문화적으로 완숙한 개인이 되어 성숙한 대인관계를 확립하게 된다. 사회생활 및 시민의 특권, 의무, 책임을 수행하기 시작하고 자아역동성이 발달하고 결정되어 사회의 책임을 다할 준비를 갖추게 된다.

7) 7단계 성인기

30세까지의 시기로 행복감을 느끼고 자아인식을 하고 자아존경을 할 수 있는 인간으로서의 성숙한 인간관계의 능력을 가질 수 있는 시기이다.

03 대학생의 대인관계

대학생 시기는 청년기, 또는 성인 초기에 해당한다고 하며, 이 시기에는 인간관계의 폭이 넓어지고, 인간관계의 대상을 선택하는 기준도 변화하는 시기라고 한다. 초, 중, 고등학생의 경우 교내나 교외의 활동을 많이 하지 않은 학생들은 집 근처 동네에 사는, 같은 나이의 학생들과 주로 친분을 맺는다. 하지만, 대학교에 오면 그 두 가지 모두에 변화가 온다. 전국 각지에서 온 사람들과 만나게 되며, 재수, 삼수 등 자신과 나이가 다른 사람들과 같은 학년이 될 수도 있고, 나이가 많은 선배들, 나이가 어린 후배들과도 같은 수업을 듣게 되는 경우도 발생한다. 학과 소모임, 학생회, 동아리 등의 다양한 모임 활동을 통해 적극적인 인간관계를 맺으면서 '자신이 어떤 사람인지', '다른 사람에게 어떻게 비치는지'에 대한 관심이 커진다. 대학생들은 기존의 초, 중, 고등학교에서 사귄 친구들과 맺은 과거의 인간관계, 대학에서 새롭게 맺은 현재의 인간관계 중 시간과 노력을 선택해야 하는 경우가 발생한다.

또한, 대학생 시기는 이성 교제가 활발해지고 부모로부터의 심리적인 독립과 사회로 나갈 준비를 하는 시기라고 한다. 이성 관계란 단순한 친구관계와는 다른 미혼 남녀의 관계이며, 어떤 계약적인 책임을 지지 않는다는 이해 위에서 이루어지는 미혼남녀의 자연스러운 만남으로부터 시작하여 결혼하기 전까지의 과정을 포함한다. 초기 성인기에 속한 대학생들에게는 이성에 관한 관심이 더욱 높아지며 이성 교제가 중요한 과업 중의 하나이다. 자신이 원하는 이성 교제를 통해 만족을 경험한다면 긍정적인 친밀감을 형성할 수 있지만, 이성 관계 내에서 심한 갈등과 같은 교제의 어려움을 겪는 사람들은 마음의 상처를 입는 것을 무서워하거나 타인과 함께 어울릴 수 없으므로 고립될 위험이 크다고 한다. 건강한 이성 교제는 이성이 지닌 여러 차이를 인정하게 되고, 이성과의 적응방법을 배우고, 대인관계 기술을 향상해 사회화의 기능을 증진하고, 서로 인격적인 성숙이 이루어지도록 도와주며, 미래 자신의 배우자를 선택하거나 결혼을 하는 데 있어 중요한 기능을 하며 이후 삶의 질에도 영향을 미친다.

활동

대학생이 되어 그동안 친하지 않았던 같은 과 또는, 같은 반 학생을 찾아 인사하고, 연락처를 교환하고 친해져 보기.

- 찾은 친구의 이름, 성격, 장점, 친하게 된 이유를 간단히 기술 하시오.

04 대인관계의 중요성

우리나라의 가장 큰 사회문제 중 하나가 청년실업이다. 이러한 취업 경쟁에서 성공하기 위해 대학 새내기 때부터 영어, 전공 공부뿐만 아니라 다양한 자격증과 같은 스펙 관리를 하고 공무원 시험을 준비하는 사람만 30만 명 내외이며, 자격시험에 붙은 사람들도 대폭 늘어나 자격증을 취득한 사람들도 일자리를 얻기가 힘들다. 바늘구멍과 다름없는 합격률을 뚫고 공무원증을 목에 건 청년들이 퇴사를 꿈꾼다. 취업포털 인크루트는 직장인 665명을 대상으로 퇴사 결심 사유에 대해 설문 결과 89.5%가 퇴사를 고민해봤다고 밝혔으며, 그 요인 중 '상사의 잔소리'가 전체의 15%로 가장 많은 표를 얻었고, '대인관계 스트레스'도 14.3%로 2위에 올랐으며, '연봉'(13%), '적성에 안 맞는 업무'(9.3%) 등이 뒤를 이었다(세계일보, 2020). 일자리 제공 전문기업 벼룩시장구인구직이 직장인 1225명을 대상으로 '직장인과 스트레스'에 대해 조사한 결과 전체 응답자의 86.7%가 '직장생활을 하면서 스트레스를 받은 적이 있다'고 답했고, 스트레스의 주요 원인으로는 '상사 · 동료와의 인간관계'가 25.2%로 가장 많았다. 이어 '과도한 업무량(23.7%)', '낮은 연봉(13.1%)', '상사 · 고객 · 거래처의 갑질(9.9%)', '성과에 대한 압박(8.9%)', '업무능력 · 지식 부족(7.8%)', '긴 출퇴근 시간(5.8%)' 등을 스트레스의 원인으로 들었다(매일경제, 2020).

미국 최초로 자기계발서를 만들어낸 데일 카네기는 세상에는 많은 능력이 존재하지만 '사람을 사귀고 친구로 만드는 능력'이야말로 가장 위대한 능력이라고 말하였다. 그의 저서인 '카네기 인간관계론'은 출판된 지 80년이 지난 오늘날에도 여전히 스테디셀러로 팔리고 있다. 마음을 터놓고 지낼 수 있는 친구 1명이라도 있으면 인생은 성공한 것이라는 말이 있다. 기쁘면 진심으로 같이 기뻐해 주고 슬프면 진심으로 같이 슬퍼해 주며 나를 위해 정말로 충고해주거나 힘들 때 같이 있어 주는 친구가 과연 몇 명이나 있을지 세어보자. 실제로 그런 친구를 만들기는 굉장히 어렵다. 대인관계는 쉬워 보여도 쉽지 않다. 별것 아닌 것 같아도 매우 중요한 과제가 바로 대인관계이고, 우리는 부모, 친구, 연인 및 직장 동료 등을 만나는 인생의 과정에서 대인관계는 행복이나 불행을 주기도 한다. 인생에서의 성공 대부분이 원만한 대인관계의 결과이며 인생의 행복은 원만한 대인관계의 형성과 유지에 있다고 할 수 있다. 아무것도 도와주지 못할 정도로 아무것도 아닌 사람은 없고, 반대로 누구의 도움도 필요하지 않을 정도로 완벽한 사람은 없다. 사람은 서로 도우며 살게 되어 있기 때문에 대인관계는 중요하다.

읽을거리 중국인들의 대인관계 "꽌시"

TV 드라마 미생에 보면 꽌시(关系:Guanxi)라는 단어가 등장한다. 꽌시는 우리나라의 '관계'라는 뜻으로, 최전무의 제안을 두고 고민하던 오상식 차장(이성민)이 김동식(김대명)과 천관웅(박해준)을 회의실로 불러 사업 얘기하는 과정에서 등장했다.

TV 드라마 미생 중 꽌시(출처: 아시아경제, 2014)

천관웅은 "받으라. 2 · 3년 치 실적이 된다. 이거 차면 줘도 못 먹는단 얘기 듣는다. 중국 사업에서는 꽌시 관행인데 찝찝할 게 뭐 있냐!"며 사업 추진에 동의했다.

하지만 이에 오상식은 "이건 선이 아니다. 꽌시가 관행이라지만 정당하지 못한 경우도 있다. 더욱 꽌시를 이렇게 크게 했는데도 사업을 못 따면 진행하던 우리 팀이 덤터기 쓸 수도 있다. 모든 건 포신이 이 사업을 따야 가능하다"고 목소리를 높였다.

꽌시는 글자 뜻 그대로 본다면 관(關)은 관문을 뜻하고 시(係)는 연결을 뜻한다. 인연이라는 말에서부터 나온 대인관계를 말하며 사람이나 사물 사이의 관계를 저수지에 돌을 던지면 외곽으로 갈수록 약해지는 동심원에서 생기는 파문에 비유한다.

조정래 소설 '정글 만 리'에서도 "중국에서 성공하려면 꽌시(관계), 즉 연줄을 확실히 잡아야 한다."라는 대목이 나올 만큼 중국에서는 꽌시가 중요한 부분이다. 실제 중국에서는 법 등 제도보다 '꽌시'가 더 중요하다는 말이 있을 정도다.

중국 정부는 기업이 경영할 수 있는 업종에 대한 상당한 제한을 하고 있는 나라이다. 중국에서 아무리 작은 규모의 사업일지라도 관료의 도움이 없으면 불가능하다. 사업을 시작하는 기회의 획득에서부터, 각종 행정 수속을 진행하는 과정에 공무원의 도움이 없으면 비용의 낭비뿐만 아니라 시기를 놓치고 만다. 만약, 투자 규모가 크거나 인허가를 받아야 하는 업종이거나, 공장을 짓기 위한 착공과 준공, 제품의 품질검사와 판매허가, 대리점의 신설 등 모든 과정에는 정부의 역할이 개입된다.

꽌시의 정점에는 정부 관료가 존재한다. 정부 내에 권력을 가진 인사와의 교류를 통하여 개인적인 꽌시를 확보한 후, 정부 내의 유력자로부터 영향력 있는 대기업 혹은 국영기업의 임원들을 소개받는다. 이와 같은 관료들의 역할 구조가 기업의 최고경영자들이 꽌시망을 넓히는 동력이 된다. 만약, 꽌시의 정점에 있는 인사와 불화를 빚거나 신뢰를 잃게 되면 그동안 쌓았던 꽌시망은 일시에 허물어지고 소멸되고 만다. 따라서 중국에서 기업 경영자들이 가장 중요하게 여기는 네트워크는 꽌시라 할 수 있다.

출처: 아시아경제(2014). '미생' 등장 '꽌시'는 무슨 뜻? 중국서 성공위해 결정적인 '이것' 아시아경제.

학습정리

1. 대인관계 능력이란 직업생활에서 협조적인 관계를 유지하고, 조직구성원들에게 도움을 줄 수 있으며, 조직 내부 및 외부의 갈등을 원만히 해결하고 고객의 요구를 충족시켜줄 수 있는 능력이다.

2. 대인관계를 형성할 때 가장 중요한 요소는 무엇을 말하느냐, 어떻게 행동하느냐보다는 우리의 사람됨이라 할 수 있다. 대인관계에서 정말로 중요한 기법이나 기술은 독립적인 성품으로부터 자연스럽게 나오는 것이어야 한다.

3. 대인관계에 영향을 주는 성격은 유아기, 아동기, 청소년기를 거쳐 발달해간다고 하였다. 인생 초기의 대인관계 패턴이 성격유형에 매우 중요하며 개인의 행동에 계속해서 영향을 준다.

4. 대학생은 인간관계의 폭이 넓어지고, 인간관계의 대상을 선택하는 기준도 변화하는 시기이다.

CHAPTER 02

대인관계 능력 향상방법

학습목표

1. 대인관계 능력 의미를 설명할 수 있다.
2. 대인관계 문제를 설명할 수 있다.
3. 대인관계 문제검사를 하고 문제가 무엇인지 파악할 수 있다.
4. 대인관계 향상방법에 대해 설명할 수 있다.

01 대인관계 능력의 의미

대인관계 능력은 자신을 포함한 사람들의 정서와 사고, 행동을 이해하고 공감하며, 이를 바탕으로 자신을 조절하거나 타인의 말과 행동을 예측하고 적절하게 반응하는 능력으로 사회성과 대인관계를 유사한 개념으로 보는 의견도 있다. 사회성은 다른 사람들의 기분과 감정 등을 잘 이해하며 이에 대한 적절한 대처로 원만한 관계를 맺고 사람과 소통하는 가운데 즐거움을 나누는 능력으로 사람을 쉽게 잘 사귀는 일도 여기에 포함되며, 자신이 속한 사회적 규범을 따르며 사회적 활동을 즐기는 것을 이른다(천부경 외, 2013).

대인관계 능력이나 사회성이 안 좋다는 말은 친구가 없다는 말은 아니며, 대인관계 능력이 떨어지더라도, 외모, 부, 사회적 권력 등을 갖춘 사람은 인기를 끌기 마련이다. 이런 사람은 처세술이 있다고 말할 수는 있지만 '타인과 진정한 긍정적인 관계를 맺는 능력이 높다'고 말하기는 어렵다. 서로 마음이 통하는 진짜 친구라고 할 사람은 없고 필요할 때만 본인한테 찾아오는 가짜 친구와 어울리기 쉽다. 이러한 가짜 친구는 정작 힘들거나 필요할 때는 주위에 없어 더 외로움을 느끼고 우울, 불안 등의 정서적인 문제가 발생하기 쉽다.

대인관계 능력을 구성하는 요소는 상대방에 대한 만족감, 자기와 타인에 대한 감정이해, 의사소통, 개방성 등을 들 수 있다. 만족감은 내가 상대방에게, 상대방이 나에게 느끼는 정도를 말한다. 친구들과 관계가 원하던 대로 이루어져 생기는 만족감과 같이 서로 바라는 관계가 형성되었을 때 만족감을 느낀다. 감정이해는 상대방과의 대화에서 상대방의 느낌 이해, 다른 사람의 나에 대한 부정적인 느낌을 건설적으로 대하는 태도, 이성적으로 사리를 분별하여 상대방의 느낌을 포용할 수 있는 것을 말한다. 내 느낌을 잘 인식하면 심리적으로 건강하고 긍정적인 관점을 가질 수 있으며, 상대방이 보내는 신호를 알아차리고 이에 빠르게 대응하는 것은 내가 상대방을 중요하게 생각하고 집중하고 있음을 보여주며, 이는 상대방과의 관계에서 신뢰감과 친밀감을 형성할 수 있다(김명숙, 2008).

의사소통은 자신이 마음먹은 바를 타인에게 능동적으로 전달하고 수용하는 능력으로 언어적 또는 비언어적으로 서로의 감정과 생각, 의도 등을 공유하는 것이다. 일차적 수단으로 언어를 사용할 수 있고, 표정이나 눈짓, 몸동작이나 행동, 침묵과 같은 비언어적인 단서를 통해서 의미를 주고받을 수도 있다. 의사소통은 타인과의 관계를 발전시킬 수 있는 본질적인 과정으로 대인관계에서 중요한 부분을 차지한다. 개방성이란 자신의 내면을 타인에게 솔직히 드러내는 것으로 상대방에 대한 나의 표현이나 개방 정도, 관계에서 자신감 등 자신이 원하는 것을 정확히 전달함으로써 만족감을 얻을 수 있다.

직업기초에서 말하는 대인관계 능력이란 직장생활에서 협조적인 관계를 유지하고, 조직구성원들에게 도움을 줄 수 있으며, 조직 내부 및 외부의 갈등을 원만히 해결하고 고객의 요구를 충족시켜줄 수 있는 능력이다(산업인력관리공단, 2007). 직업 기초능력으로서의 대인관계 능력은 팀워크 능력, 리더십 능력, 갈등관리 능력, 협상 능력, 고객서비스 능력으로 구분된다(표 2.1).

표 2-1 직업 기초능력으로서의 대인관계 능력

하위능력	하위능력 개념
팀워크 능력	직장생활에서 다른 구성원들과 목표를 공유하고 원만한 관계를 유지하며, 자신의 역할을 이해하고 책임 있게 업무를 수행하는 능력
리더십 능력	직장생활에서 조직의 비전과 목표를 제시하며, 조직구성원들의 성과 향상에 도움을 주고 동기부여를 할 수 있는 능력
갈등관리 능력	직장생활에서 조직구성원 사이에 갈등이 발생하였을 경우 이를 원만하게 조절할 수 있는 능력
협상 능력	직장생활에서 협상 가능한 목표를 세우고 상황에 맞는 협상전략을 선택하여 다른 사람과 윈/윈(공존) 하는 능력
고객서비스 능력	직장생활에서 고객서비스에 대한 이해를 바탕으로 실제 현장에서 다양한 고객유형에 대처할 수 있으며, 고객만족을 이끌어낼 수 있는 능력

출처: 산업인력관리공단(2007).

읽을거리

친밀한 관계는 몇 명까지 가능할까?

1993년 영국 옥스퍼드대 문화인류학자 로빈 던바 교수는 원숭이, 유인원 등의 영장류 연구를 근거로 그 '친구의 수' 한계치가 평균 150명이라는 논문을 발표했다. 한 유기체의 정보처리 능력은 대뇌 겉질 크기에 달려 있는데, 이를 토대로 계산하면 사람이 관리할 수 있는 인맥 최대치는 평균 150명이라는 것이었다. 대뇌 겉질은 대뇌 바깥층을 구성하는 피질 중 가장 마지막으로 진화한 부위다. 운동 명령과 오감, 인지, 공간 추론, 언어 같은 고도의 정신 작용을 맡고 있는 겉질에서 가장 큰 부위로, 여섯 개의 세포층으로 이뤄져 있다.

머리에 쏙 들어오는 그의 가설은 곧바로 인구에 회자됐고 고어텍스, 스웨덴 국세청 등 여러 기업과 공공기관에서 그의 주장에 기반해 150명을 기준으로 조직을 편제하거나 하려고 시도하는 등 사회 각 분야에 적잖은 영향을 끼쳤다. '던바의 수'를 적용한 소셜미디어 플랫폼이나 온라인 보안 알고리즘도 만들어졌다. 이후 인맥의 최대치를 뜻하는 150명은 '던바의 수'로 불려 왔다. '던바의 수'가 발표된 이후 지금까지 이를 키워드로 한 1400편의 논문(구글 스콜라 검색 기준)이 나왔고 구글 검색에선 '던바의 수' 조회수가 2650만건에 이른다.

출처: 한겨레(2021) "친구 한도는 150명" "더 많다"…'던바의 수' 두고 공방

활동

1. 본인이 직업생활에서 필요한 대인관계 능력이 무엇이라고 생각하는가?

2. 현재 자신의 대인관계 능력 중 장점과 단점을 기술하시오.

장점	단점

02 대인관계 문제

대인관계에서 항상 만족스러운 관계를 유지하기는 힘들고, 타인과의 관계에서 개인차로 인해 갈등을 겪을 수밖에 없다. 이렇게 대인관계를 형성하고 유지하는 데 어려움을 겪거나, 부정적인 대인관계로 인해 피해를 받는 현상을 대인관계 문제라고 한다. 서로 만족적인 대인관계를 형성하지 못하면 개인의 발달에 방해를 주게 되고 환경 부적응과 정서 문제, 스트레스의 원인이 되어 개인의 적응에 심각한 부정적 영향을 미친다. 이러한 부정적 영향으로 신경증을 일으키며 세 가지 신경증적 경향을 보인다.

1) 순응형 성격

자신은 무력하고 열등하지만, 타인은 강하고 우월하다고 판단하여 타인에게 의존하고, 모든 타인에게서 끊임없는 인정과 관심을 받으려고 과도하게 노력한다. 이 유형의 사람들은 타인에게 거부당하는 것이 너무나 두려운 일이기에 타인의 호감을 유지하려고 과도하게 애쓴다.

2) 공격형 성격

타인을 지배하려는 욕구와 우월감을 느끼려는 욕구가 강하며 자신의 이익을 위하여 타인을 공격하고 비난하며 자신의 패배와 두려움을 인정하지 않는다. 암묵적으로는 자신을 향한 타인의 감정과 의도를 불신하고, 자신을 방어하기 위해 또 보복하기 위해 더 강해지고 사람들을 패배시키려 한다.

3) 고립형 성격

타인과 친밀한 관계를 형성하는 것보다 자기만의 세계에서 혼자 시간을 보내는 것을 더 추구하는 은둔적인 사람들이다. 이런 유형의 사람들은 타인에 대한 모든 감정을 부정하고, 감정 표현을 억누르며, 논리나 이성적 사고를 매우 중요시한다.

심리적으로 건강한 사람들도 이러한 신경증적 경향을 모두 가지고 있지만, 일반 사람들은 세 가지 모두 균형적으로 상황에 맞게 사용하고 신경증적인 사람들은 모든 상황에서 강박적으로 하나의 경향성만을 사용하여 대인관계와 심리적인 문제가 발생한다(이희경 등, 2006).

03 대인관계 문제검사

리어리는 성격형성에 영향을 미치는 외적 요인으로 대인관계의 행동적인 측면을 강조하였고, 대인관계모형을 제시하였는데, 설리반이 대인관계의 차원을 지배－복종, 증오－사랑(친밀)의 차원으로 이원화한 것을 체계화하여 자율－통제, 애정－적대, 지배－복종, 애정－증오의 차원을 중심으로 한 8분원의 종합적인 대인관계모형을 만들었다(그림 2.1).

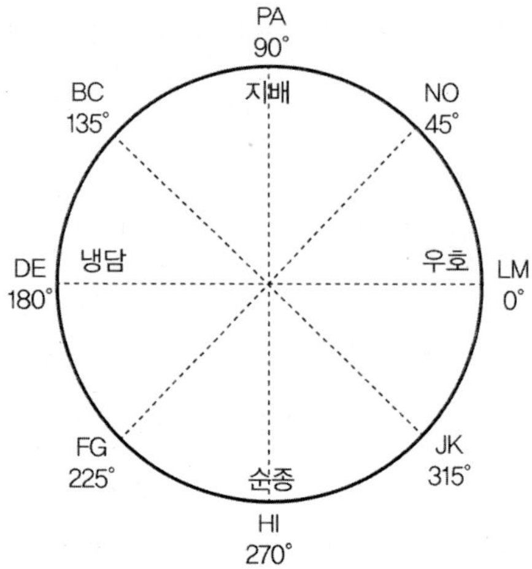

그림 2-1 대인관계 원형 모델

활동

※ 리어리의 대인관계원형이론에 근거하여 대인관계문제를 종합적으로 평가, 진단하고 성격장애군을 선별하는 검사이다. 아래 제시된 문항에서 자신의 성격이나 대인관계를 잘 기술하는 정도에 따라 적절한 숫자에 ○표를 하십시오.

문항	전혀 그렇지 않다	약간 그렇다	상당히 그렇다	매우 그렇다	문항	전혀 그렇지 않다	약간 그렇다	상당히 그렇다	매우 그렇다
1. 자신감이 있다					2. 꾀가 많다				
3. 강인하다					4. 쾌활하지 않다				
5. 마음이 약하다					6. 다툼을 피한다				
7. 인정이 많다					8. 명랑하다				
9. 추진력이 있다					10. 자기자랑을 잘한다				
11. 냉철하다					12. 붙임성이 없다				
13. 수줍음이 있다					14. 고분고분하다				
15. 다정다감하다					16. 붙임성이 있다				
17. 고집이 세다					18. 자존심이 강하다				
19. 독하다					20. 비교사교적이다				
21. 온순하다					22. 단순하다				
23. 관대하다					24. 열성적이다				
25. 지배적이다					26. 치밀하다				
27. 무뚝뚝하다					28. 고립되어 있다				
29. 조심성이 많다					30. 겸손하다				
31. 부드럽다					32. 사교적이다.				
33. 자기주장이 강하다					34. 계산적이다				
35. 따듯함이 부족하다					36. 재치가 부족하다				
37. 추진력이 부족하다					38. 솔직하다				
39. 친절하다					40. 활달하다				

※ 체크한 문항의 합을 합계에 적으시오.

대인관계 유형	지배형	실리형	냉담형	고립형	복종형	순박형	친화형	사교형
문항번호	1, 9, 17, 25, 33	2, 10, 18, 26, 34	3, 11, 19, 27, 35	4, 12, 20, 28, 36	5, 13, 21, 29, 37	6, 14, 22, 30, 38	7, 15, 23, 31, 39	8, 16, 24, 32, 40
합계								

※ 다음 원형 그래프에 위의 합계를 표시해서 그려보시오.

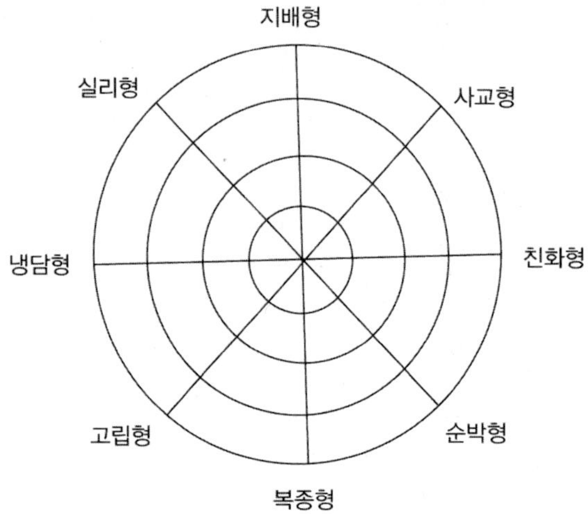

〈활동해석〉

각 유형의 점수 범위는 5점~30점이며, 점수가 높을수록 해당하는 유형의 특성이 강하다고 할 수 있다. 한 가지 유형의 점수만 높게 나오는 경우는 드물며, 원형 구조상에서 인접한 몇 가지 유형들의 점수가 높게 나오는 경향이 있다. 각 유형의 점수를 원형구조에 표시하면 독특한 모양의 팔각형이 도출된다. 특정 방향으로 기울어진 형태를 보일수록 그러한 방향의 대인관계 양식이 강하다고 할 수 있다. 일반적으로 정팔각형이 이상적이나, 그러한 모양을 나타내는 경우는 드물다. 자신의 대인관계 양식을 나타내는 팔각형의 모양이 좀 더 균형을 갖출 수 있도록 노력하는 것이 바람직하다.

구분	특징	보완점
지배형	• 대인관계에 자신이 있으며 자기주장이 강하고 타인에 대해 주도권을 행사 • 지도력과 추진력이 있어서 집단적인 일을 잘 지휘함 • 강압적이고 독단적, 논쟁적이어서 타인과 잦은 마찰을 빚음 • 윗사람의 지시에 순종적이지 못하고 거만하게 보일 수 있음	• 타인의 의견을 잘 경청하고 수용하는 자세를 기를 것 • 타인에 대한 자신의 지배적 욕구를 깊이 살펴보는 시간이 필요
실리형	• 대인관계에서 이해관계에 예민하고 치밀하며 성취 지향적 • 자기중심적이고 경쟁적이며 자신의 이익을 우선적으로 생각하기 때문에 타인에 대한 관심과 배려가 부족 • 타인을 신뢰하지 못하고 불공평한 대우에 예민하며 자신에게 피해를 입힌 사람에게는 보복하는 경향성 보임	• 타인의 이익을 배려하는 노력이 필요 • 타인과의 신뢰를 형성하는 일에 깊은 관심을 갖는 것이 바람직
냉담형	• 이성적이고 냉철하며 의지력이 강하고 타인과 거리를 두며 대인관계를 맺는 경향성 있음 • 타인의 감정에 무관심하고 상처 주기 쉬움 • 따듯하고 긍정적인 감정을 표현하기 어렵고 오랜 기간 깊게 사귀지 못함.	• 타인의 감정 상태에 깊은 관심을 지니고 긍정적인 감정을 부드럽게 표현하는 기술을 습득하는 것이 필요
고립형	• 혼자 있거나, 혼자 일하는 것을 좋아하며 감정을 잘 드러내지 않음 • 타인을 두려워하고 사회적 상황을 회피하며 자신의 감정을 지나치게 억제 • 침울한 기분이 지속되고 우유부단하며 사회적으로 고립될 가능성 있음	• 대인관계의 중요성을 인식하고 좀 더 적극적인 노력을 해야 함 • 타인에 대한 불편함과 두려움에 대해 깊이 생각해 보는 것이 바람직함
복종형	• 대인관계에서 수동적이고 의존적이며 타인의 의견을 잘 따르고 주어진 일을 순종적으로 잘함 • 자신감이 없고 타인의 주목을 받는 일을 피함 • 자신이 원하는 바를 타인에게 잘 전달하지 못함 • 어떤 일에 대한 자신의 의견과 태도를 확고하게 지니지 못하며 상급자의 위치에서 일하는 것을 매우 부담스러워함	• 자기표현, 자기주장이 필요함 • 대인관계에서 독립성을 키우는 것이 바람직함

순박형	• 단순하고 솔직하며 대인관계에서 너그럽고 겸손한 경향 • 타인에게 잘 설득 당할 수 있어 주관 없이 타인에게 너무 끌려다닐 수 있으며 잘 속거나 이용당할 가능성 높음 • 원치 않는 타인의 의견에 반대하지 못하고 화가 나도 타인에게 알리기 어려움	• 타인의 의도를 좀 더 깊게 들여다보고 행동하는 신중함이 필요 • 자신의 의견을 표현하고 주장하는 노력을 해야 할 것
친화형	• 따뜻하고 인정이 많으며 대인관계에서 타인을 잘 배려하여 도와주고 자기희생적이 태도를 취함 • 타인을 즐겁게 해주려고 지나치게 노력하며 타인의 고통과 불행을 보면 도와주려고 과도하게 나서는 경향 • 타인의 요구를 잘 거절하지 못하고 타인의 필요를 자신의 것보다 앞세우는 경향성	• 타인과의 정서적 거리를 유지하는 노력이 필요함 • 타인의 이익만큼 나의 이익도 중요함을 인식해야 할 것
사교형	• 외향적이고 쾌활하며 타인과 함께 대화하기를 좋아하고 타인으로부터 인정받고자 하는 욕구가 강함 • 혼자서 시간 보내는 것을 어려워하며 타인의 활동에 관심이 많아 간섭하며 나서는 경향이 있음 • 흥분을 잘하고 충동적인 성향이 있으며 타인의 시선을 끄는 행동을 많이 하거나 자신의 개인적인 일을 타인에게 너무 많이 이야기하는 경향이 있음	• 타인에 대한 관심보다 혼자만의 내면적 생활에 좀 더 깊은 관심을 지니고 타인으로부터 인정받으려는 자신의 욕구에 대해 깊이 생각해 볼 필요가 있음

4) 대인관계 향상방법

대인관계 능력을 향상하기 위해 많은 시도와 연구들이 있었으며, 데일 카네기는 인간관계를 향상하기 위해서 다른 사람들에게 순수한 관심을 기울여라, 미소를 지어라, 이름을 잘 기억하라, 경청하라, 상대방의 관심사에 관해 이야기하라, 상대방이 중요하다는 느낌이 들게 하라고 하였다. 대인관계의 구성요소인 만족감, 감정이해, 의사소통, 개방성과 관련하여 상대방에 대한 공감과 이해, 사소한 일에 관한 관심, 상대방의 말에 대한 경청과 의사소통, 약속의 이행, 기대의 명확화, 언행일치, 진지한 사과 등 인간관계에서 구축하는 신뢰의 정도를 높여 대인관계를 향상할 수 있다. 신뢰의 정도를 높이기 위해서는 다른 사람에 대해 공손하고 친절하며, 정직하고 약속을 지켜야 한다. 대인관계의 상대방 신뢰를 높이는 방법으로는 다음과 같은 것들이 있다.

① 상대방에 대한 이해

다른 사람을 진정으로 이해하기 위해 노력하는 것은 우리가 할 수 있는 가장 중요한 신뢰를 높이는 방법이 될 것이다. 어떤 사람에게 중요한 일이 나에게는 사소한 일일 수 있지만, 그 사람이 당신에게 중요하다면, 그 사람이 중요하게 생각하는 것을 당신도 중요하게 생각해야 한다.

② 사소한 일에 관한 관심

상대방에 대한 친절과 공손함은 매우 중요하다. 이와 반대로 작은 불친절, 하찮은 무례 등은 그 사람의 신뢰를 무너뜨릴 수 있다. 대인관계에서의 커다란 손실은 사소한 것으로부터 비롯된다. 나이나 경험과는 상관없이 사람들은 외로움을 잘 타고, 매우 상처받기 쉽고 내적으로 민감하다. 외적으로 대단히 단단해 보이고 냉담하게 보이는 사람도 내적으로는 민감하게 상처받을 수 있다.

③ 약속의 이행

책임을 지고 약속을 지키는 것은 중요한 신뢰를 쌓는 행위이며 약속을 어기는 것은 중대한 신뢰를 깨는 행위이다. 사실 어떤 사람에게 대단히 중요한 약속을 해 놓고 어기는 일보다 더 큰 신뢰를 잃는 행위는 없다. 그러한 행동을 하고 나면 다음에 약속하더라도 상대가 믿지 않게 마련이다. 사람들은 대개 약속에 대한 기대가 크다. 당신이 스스로 한 약속을 항상 지키는 습관을 갖는다면 당신과 동료 사이에 신뢰의 다리를 놓게 될 것이다.

④ 언행일치

언행일치는 신뢰를 가져오는 기초가 된다. 언행일치는 정직 그 이상의 의미가 있다. 정직은 사실대로 말하는 것으로 내가 하는 말을 사실과 일치시키는 것이다. 언행일치는 상대방에게 믿음을 주어 기대를 충족시킬 수 있다.

⑤ 진심 어린 사과

사과는 진심으로 진지하게 하여야 한다. 그러나 반복되는 사과는 불성실한 사과와 마찬가지로 받아들여 신뢰를 떨어뜨린다. 인간은 누구나 잘못할 수 있고 실수할 수 있다. 하지만 잘못을 인정하지 않는 것과는 완전히 다른 문제이다. 사람들은 실수를 기꺼이 용서하려고 하지만 의도적인 실수, 형식적인 사과, 실수를 덮어 버리려는 오만한 정당화 등에 대해서는 쉽게 용서하려 들지 않는다. 내 잘못을 인정하고 책임을 전적으로 지겠다는 정직한 자세, 그리고 비난을 수용하는 겸허한 태도가 있어야 한다(표 2.2).

표 2-2 사과의 과정 4단계

사과의 과정 4단계
• 1단계 인정 : 잘못을 인정하라.
• 2단계 후회 : 진심으로 후회하라.
• 3단계 해명 : 배경을 설명하라.
• 4단계 보상 : 피해를 보상하라. 재발방지를 약속해라

실수를 했을 때, 잘못된 사과문으로 역효과가 나는 경우가 많다. 올바르게 사과문을 적는 방법은 들어가야 하는 것으로는 '나는 누구인가', '언제 어디서 무슨 잘못을 어떻게 저질렀는가', '그래서 누구에게 피해를 끼쳤는가', '실제 상황과 다르게 알려진 사실이 있는가', '얼마나 반성하고 있는가', '앞으로 어떻게 이 일을 책임질 생각인가'를 적는다. 들어가지 말아야 할 것으로는 '본의 아니게', '오해', '그럴 뜻은 없었지만', '앞으로는 신중하게', '억울합니다.', '하지만 저만 잘못한 것은 아닙니다.', '그럴 의도가 아니었지만' 등이 있다.

학습정리

1. 대인관계 능력이란 직업생활에서 협조적인 관계를 유지하고, 조직구성원들에게 도움을 줄 수 있으며, 조직 내부 및 외부의 갈등을 원만히 해결하고 고객의 요구를 충족시켜줄 수 있는 능력이다.

2. 대인관계 향상이란 인간관계에서 구축하는 신뢰의 정도를 높이는 것을 의미한다. 다른 사람에 대해 공손하고 친절하며, 정직하고 약속을 지킨다면 신뢰를 높이는 셈이 된다.

3. 대인관계를 향상시키는 주요 방법에는 상대방에 대한 이해와 배려, 사소한 일에 대한 관심, 칭찬하고 감사하기, 약속의 이행 및 언행일치, 진지한 태도가 있다.

4. 대인관계를 잘 형성하고 유지하기 위해서는 다양한 대인관계 양식에 대한 이해가 필요하다. 대인관계 양식에는 지배형, 실리형, 냉담형, 고립형, 복종형, 순박형, 친화형, 사교형이 있다.

CHAPTER 03

팀워크 능력

01 팀워크의 의미
02 팀워크의 중요성
03 효과적인 팀의 조건
04 팀워크 촉진방법

학습목표

1. 팀워크의 의미를 설명할 수 있다.
2. 팀워크의 중요성을 설명할 수 있다.
3. 효과적인 팀의 조건에 대해 설명할 수 있다.
4. 팀워크 촉진방법에 대해 설명할 수 있다.

01 팀워크의 의미

조직 내에서 개인이 수행하는 직무가 복잡해지면서, 개인의 독립적인 활동뿐만 아니라 구성원 간의 팀워크의 중요성이 높아지고 있다. 팀 구성원들이 서로 활발히 의사소통하며 상호의존적인 활동을 하여 상승효과를 만들어내는 팀을 만드는 팀워크의 정의는 너무나 다양하다. 이것을 이해하는 것이 팀워크를 향상하는 첫 번째 단계라 할 수 있다. '팀워크(teamwork)'란 팀 구성원이 공동의 목적을 달성하기 위하여 상호관계성을 가지고 서로 협력하여 업무를 수행하는 것을 말한다.

Teamwork = Team + Work

팀워크를 형성하기 위해서는 세 가지가 필요한데 첫째는 리더십(leadership)이다. 리더십은 조직 구성원들을 다스리거나 이끌어가는 지도자로서의 능

력을 의미한다. 둘째는 팔로우십(followership)이다. 팔로우십은 조직 구성원들이 지도자를 인정하고 지지하는 태도를 의미한다. 셋째, 칼리그십(colleagueship)이다. 칼리그십은 조직 구성원들이 서로를 아끼고 돌보는 동료의식을 의미한다. 3가지가 조화를 잘 이룬 조직은 팀워크가 좋은 조직이라 할 수 있다(그림 3.1).

그림 3-1 팀워크의 형성 요인

팀워크의 의미는 인간적인 측면과 업무적인 측면이 모두 포함된 개념이라 할 수 있다. 과거에 강조됐던 것처럼 단순히 구성원들 간의 협력하는 행동이나 작업장의 화기애애한 분위기 등이 팀워크 전부는 아니다. 팀워크를 응집력의 개념으로만 보는 것은 팀워크를 편협하게 이해한 것에 지나지 않는다. 응집력이란 집단에 머물게 하는 힘, 집단에 대한 매력, 집단 활동에 참여하려는 구성원들에 대한 동기부여, 구성원들 간 노력의 통합 등의 의미로 “사람들이 집단에 머물도록 만들고, 그 집단의 구성원으로서 계속 남아 있기를 원하게 만드는 힘”이라 할 수 있다. 즉, 팀워크와 응집력의 차이는 팀이 성과는 내지 못하면서 분위기만 좋은 것은 팀워크가 좋은 것이 아니고 응집력이 좋은 것이다. 단순히 모이는 것을 중요시하는 것이 아니라 목표달성의 의지를 다지고 성과를 내는 것이 바로 팀워크이다(표 3.1).

표 3-1 팀워크와 응집력의 차이점

팀워크	응집력
• 팀 구성원이 공동의 목적을 달성하기 위해 상호관계성을 가지고 서로 협력하여 일을 해 나가는 것	• 사람들로 하여금 집단에 머물도록 만들고, 그 집단의 구성원으로서 계속 남아 있기를 원하게 만드는 힘

읽을거리 **0.001초의 싸움, 카레이싱 피트 스톱(PIT STOP)**

피트 스톱은 경주차가 타이어 교체, 재급유, 기계장치 조정 등을 위해 경기 도중 서킷의 피트 박스에 정차하는 것을 말한다. 이곳에는 약 20명의 정비 담당자(Crew)들이 경주차를 기다린다. 이들의 호흡이 척척 맞아야 드라이버의 경주 시간이 단축되고 우승 가능성도 커진다.

일반적으로 타이어 4개를 교체하는 데 걸리는 시간은 3~4초. 이를 위해 각 레이싱 팀의 미캐닉(기술자)들은 각자의 역할이 철저하게 나뉘어 있다. 먼저 바퀴를 갈아 끼울 수 있도록 앞 · 뒤에서 지렛대로 차량을 살짝 들어 올리는 사람이 있고, 타이어 한쪽에는 3명의 기술자가 붙는다. 이들은 또 각각의 역할이 나뉘는데, 공구를 든 한 명이 타이어 고정 조임 쇠를 풀어내면 빈손으로 대기 중인 기술자가 기존 바퀴를 빼고, 그 순간 새로운 타이어를 들고 있던 기술자가 타이어를 끼우고 공구를 든 사람은 다시 조임 쇠를 조여 고정한다.

이 3명의 작업 시간은 그야말로 찰나의 시간으로 미캐닉들의 호흡이 얼마나 잘 맞는지, 얼마나 숙련된 기술을 가졌는지가 중요하다. 그러다 보니 F1 레이싱에서는 참가팀별 피트 스톱 기록도 주요 관전 포인트이다.

지난 2013년 시즌의 경우 페라리가 피트 스톱을 완료하는데 평균 2.79초를 기록, F1 미캐닉 중 최고의 속도를 보였다.

절정의 팀워크로 피트 스톱에서 걸리는 시간은 단 2초. 경주차의 바퀴 4개가 2초의 짧은 순간에 모두 새것으로 교체된다. 이같이 한 치의 오차 없는 정비 기술자의 완벽한 팀워크는 지켜보는 이로 하여금 절로 탄성을 지르게 한다.

손발이 척척 맞는 팀워크는 어떻게 만들어질까. 팀워크에 중요한 것은 조직 구성원들이 서로 원만하게 상호작용을 하는 것이다. '매니저의 조건' 저자인 조 오언은 여기에 상호 간 신뢰, 조직 내 안정감, 공평성, 인정 등은 훌륭한 팀워크를 이루는 기본 조건이라 설명하고 있다.

출처: 해럴드 경제 [영상]0.001초의 싸움. 카레이싱 피트 스톱(PIT STOP)을 아십니까? 2015.07.08.(http://news.heraldcorp.com/view.php?ud=20150708000063&a=99)

02 팀워크의 중요성

아프리카 원주민 속담에 다음과 같은 말이 있다. "빨리 가려거든 혼자 가라. 멀리 가려거든 함께 가라. 빨리 가려거든 직선으로 가라. 멀리 가려거든 곡선으로 가라. 외 나무가 되려거든 혼자 서라. 푸른 숲이 되려거든 함께 서라" 혼자 빛나는 별은 없다는 말도 있듯이 인생과 기업에서의 성공은 모두 다른 사람들과의 협력, 팀워크에 의해 결정되기 마련이다.

국의 철강왕 앤드류 카네기는 "팀워크가 없는 회사는 제대로 운영되지 않는다. 혼자 운영하는 조그마한 사업체라도 반드시 팀워크가 필요하며 기업과 팀워크는 떼려야 뗄 수 없는 단어이다. 성공한 회사들을 분석해 보면 반드시 능률적이고 조화롭게 팀워크가 이뤄지고 있으며 성공한 기업에서는 대부분 직원 간 팀워크를 전담하는 부서가 별도로 존재한다."는 말로 팀워크의 중요성을 강조하였다.

일반적으로, 사람들은 스타트업을 시작하는 대표에게 리더십, 팀워크, 비전, 전략 등이 중요하다고 말하곤 한다. 하지만 이 모든 요소들 중에서 스타트업에게 제일 중요한 것은 바로 "팀워크" 이다. 직원이 많은 중견기업이나 대기업에서는 팀워크가 좋지 않아도, 실무자들이 많고 회사 자체 내의 시스템이 잘 되어있기 때문에, 기업에 치명적인 피해를 끼칠 확률이 상대적으로 낮다. 하지만, 스타트업에서는 팀원 개인들의 동기부여와 역량이 매우 중요하며, 더 나아가서는 인성까지도 고려해야 한다. 스타트업은 회사 내의 각 개인의 업무분장이 뚜렷하지 않은 경우도 있고, 회사에 아직 안정된 시스템이 확고히 자리 잡지 못했거나, 한 명의 공백이 업무를 할 때 크기 때문이다.

미국의 세계적인 기업 GE에서는 영업성과를 150% 달성했더라도 팀워크가 미흡한 사람은 즉각 교체 대상이 된다고 한다. 회사에서는 그가 팀워크를 적절하게 발휘했다면 150%를 훨씬 넘는 영업성과를 달성할 수 있을 것으로 판단하기 때문이다. 2012년 발표된 GE의 리더십 철학이 '모두가 함께 상승하다(Together, We All Rise)'라고 하여 팀워크를 강조하고 있다.

세계 1위 투자은행인 골드만삭스는 모든 업무를 팀제로 운영하는데 평소에 팀워크를 기르는 훈련을 많이 한다고 한다. 대표적으로 '커뮤니티 팀워크스(Community Team Works)' 프로그램이 그 좋은 예이다. 간단히 설명하면 1년 중 하루 유급휴가를 내서 자기가 속한 지역사회(커뮤니티)에 봉사활동을 가는 것이다. 보육원을 찾아갈 수도 있고 집짓기 사업에 참여할 수도 있으며, 장애인을 도울 수도 있다. 본인이 내키는 대로 찾으면 된다. 그런데 혼자 가는 것이 아니라 반드시 팀으로 간다. 이때 팀은 본인이 속해 있는 업무팀이 아니라 그 일을 원하는 사람들이 자발적으로 이루게 된다.

미국에서 경제・경영 관련 학부를 마치고 취업을 희망하는 학생들이 많이 보는 취업가이드 '웨트 피트(Wet Feet)'에도 '본인이 팀 중심 업무에 잘 어울리지 않는다면 골드만삭스보다는 다른 투자은행을 알아보는 게 좋다'고 쓰여 있을 정도로 팀워크를 중요시하고 있다.

스포츠에서는 팀워크의 중요성을 더욱 많이 볼 수 있는데 대표적으로 조정(Rowing)을 들 수 있다. 조정은 마라톤에 버금갈 정도로 힘든 스포츠이다. 정식코스인 2km를 전력으로 노를 저어가는 것으로 경기 후 선수는 1.5kg의 체중이 감량될 정도로 그 강도는 상상을 초월한다고 한다. 이렇게 많은 체력이 소모되는 조정은 개인종목들도 있지만, 조정의 꽃이라 불리는 에이트(여덟 명의 선수가 노를 젓는 종목)를 비롯한 단체 종목을을 살펴보면 팀워크가 얼마나 중요한지를 볼 수 있다. 보트를 타고 있는 모든 선수가 같은 박자로 노를 저어야 할 뿐 아니라, 노를 젓는 세기와 배의 균형을 계속해서 일정하게 맞추고 유지해야 한다. 이렇게 모든 선수가 팀워크를 가지고 함께 움직여야만 조정 보트는 최고의 속력을 가지고 앞으로 나아가고 경기에서 기록을 단축할 수 있다.

축구나 야구 등 단체종목에서의 우승 비결로 팀워크는 빠지지 않는다. 그 예로 미국 프로풋볼경기에서 만년 꼴찌를 벗어나지 못하던 세인트루이스팀을 슈퍼볼 우승의 주인공으로 만든 딕 버메일 감독은 "조직을 승리로 이끄는 힘의 25%는 실력이고, 나머지 75%는 팀워크다."라고 말했다.

읽을거리

영화 무적(Invincible)

70년대 미국풋볼리그의 선수로 입단해 팀을 승리로 이끈 빈스 파팔리의 실화를 바탕으로 한 영화이다. 파트타임으로 바텐더 일을 하는 파팔 리가 필라델피아 이글스에 입단해 뼈를 깎는 훈련 끝에 정식 선수가 되고 마침내 승리까지 엮어내는 이야기이다.

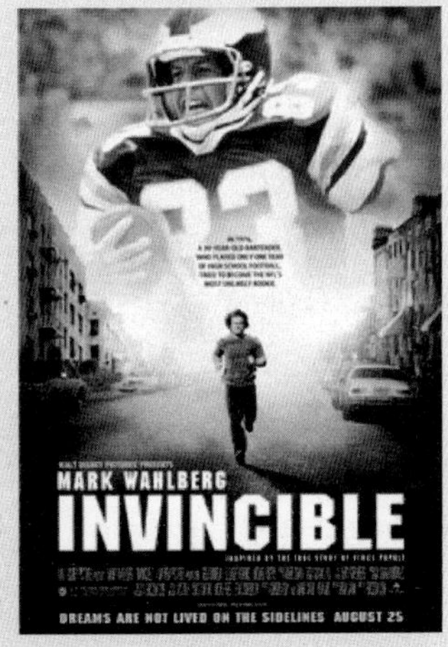

미식축구를 해본 적도 없는 30대 바텐더 빈스(마크 월버그)는 파트 타임 교사와 바텐더 일로 근근이 살아가고 있었다. 실직과 파업 불황 등으로 어렵게 살아가는 빈스와 친구들의 유일한 낙이 있다면 바로 미식축구이다.

하지만 지역의 미식축구팀인 필라델피아 이글스의 실력은 형편없었다. 수많은 관중들의 야유 속에 이번 시즌 역시 팀은 형편없는 결과를 보여주었고, 다시 한번 감독이 경질되었다.

UCLA 대학팀을 이끌고 정상에 섰던 감독 딕 버메밀(그레그키니어)은 대중의 관심을 끌기 위해 일반인 트라이아웃(공개 오디션)을 실시한다.

빈스가 그 누구보다 빨리 달릴 수 있다고 믿는 그의 주변 사람들은 빈스의 참여를 독려하고, 아버지의 권유로 마침내 빈스는 트라이아웃에 참여한다.

감독은 단지 이슈를 끌기 위해 그를 선발하지만, 그의 놀라운 스피드가 마음에 들었다. 모두의 기대를 한 몸에 받은 빈스는 최선을 다해 노력하지만, 힘든 훈련과 주변의 냉대로 힘들어하고, 프리시즌 캠프와 시범경기를 통하여 정규 멤버로 선발되었으나, 시즌 개막전에 큰 실수를 하고 자신감을 잃고 포기하고 싶은 순간이 온다.

빈스는 프로 미식축구 세상에서 살아남기 위해 그의 투지, 희망을 잃지 않는 태도를 모두 보여줘야만 하는데…

홈 개막 경기에서 빈스는 경기 시작과 함께 무서운 능력을 보여 이글스팀 역시 마침내 승리를 위해 하나가 되기 시작한다. 경기 막판 놀라운 스피드와 뛰어난 판단력으로 믿을 수 없는 터치다운을 성공시키는 빈스.

마침내 이글스는 승리한다.

팀이 가장 필요할 때 팀이 잃어버렸던 승리 정신을 북돋아 주는 신인 선수의 감동적인 이야기로 실화를 바탕으로 하고 있으며 팀워크를 강조한 딕 버메일 감독의 일화를 볼 수 있는 좋은 영화이다.

03 효과적인 팀의 조건

1) 팀의 발전과정

미국 경영컨설턴트 켄 블랜차드는 '하이파이브(High Five!)'라는 책에서 팀워크 향상의 비결로 '목적의식과 가치와 목표를 공유하라.', '고난도 기술을 개발하라.', '우리 모두를 합친 것보다 현명한 사람은 아무도 없다.', '자주 포상하고 인정한다.'라는 네 가지 비결을 말하였다. 네 가지 모두 중요하지만, 그중 가장 결정적인 요소를 꼽는다면 '우리 모두를 합친 것보다 현명한 사람은 아무도 없다.'가 될 것이다. 높은 성과를 이루는 팀은 그것을 갑자기 이룬 것이 아니다. 모든 팀원들이 소속감을 느낄 수 있는 효율적인 팀으로 발전하기 위해서는 시간과 단계가 필요하다.

팀의 발전과정은 형성기, 격동기, 규범기, 성취기의 네 단계로 이루어진다(Bruce Tuckman). 이 단계들을 알면 팀 운영과정에서 야기되는 문제를 이해하고 어려운 역경을 효과적으로 해결해나가는 데 도움이 된다(조은경, 2007).

① 1단계 : 형성기(forming)

형성기 단계에서 팀원들은 안전하고 예측할 수 있는 행동에 대한 안내와 지침이 필요하므로 리더에게 상당히 의지한다. 팀원들을 팀에서 인정받기를 원하며, 다른 팀원들을 신뢰할 수 있는지 확인하고 싶어 한다. 그들은 팀에 대한 기대를 형성하면서 팀원들 사이의 유사성과 논쟁을 피하고자 단순하게 유지되며, 심각한 주제들과 생각들에 대한 논의는 회피된다. 팀원들은 서로에게뿐만 아니라 과제에 몰두하기 위해 노력한다. 논의는 주로 과제의 범위를 정하고, 그것에 접근하는 방법에 집중하여 이루어진다.

여기서 다음 단계로 성장하기 위해 팀원들은 비위협적인 주제에 안주할 생각을 접고 마찰의 가능성을 각오해야 한다.

② 2단계 : 격동기(storming)

격동기 단계의 특징은 경쟁과 마찰이다. 팀원들이 과제를 수행하기 위해 체계를 갖추게 되면서 필연적으로 마찰이 일어난다. 개인은 그룹의 기준과 기대에 맞추기 위해 고집을 꺾고, 그들의 아이디어, 태도, 감정, 믿음이 어우러지게 해야 한다. 팀원 간의 마찰이 그룹의 문제로 표면화될 수 있고 아닐 수도 있지만, 그것은 존재하기 마련이다.

어떤 일에 대한 책임을 누가 질 것인지, 규칙은 무엇인지, 보상체계는 어떠한지, 그리고 평가 기준은 어떻게 되는지에 대한 질문들이 제기될 것이다. 따라서 리더십, 구조, 권한, 권위에 대한 문제 전반에 걸쳐서 경쟁심과 적대감이 나타난다.

다음 단계로 전진하기 위해 팀원들은 시험과 검증의 자세에서 문제해결의 자세로 바꿀 수 있는 길을 찾아야 한다. 그렇게 될 수 있도록 돕는 가장 효과적인 도구는 효과적으로 경청하고 의사소통을 할 수 있는 능력이다.

③ 3단계 : 규범기(norming)

규범기 단계에 이르면 인간관계에 더욱 응집력이 생긴다. 팀원 전체의 기여에 대해 더 잘 이해하고 인정한다. 공동체 형성과 팀의 문제해결에 더욱 집중한다. 다른 팀원들과 의견이 엇갈릴 때는 개인적인 사심 또는 고집을 버리고 적극적으로 논의하며, 리더십이 공유되고 파벌이 사라지기 시작한다. 팀원들이 서로를 알게 되고 파악하기 시작하면 신뢰수준이 향상되고, 이는 단결력을 심화시켜 준다. 팀원들은 상호 간의 마찰을 해결함에서 얻는 만족감과 공동체 의식을 경험하기 시작한다.

이 단계에서도 가장 중요한 기능은 팀원 간의 의사소통이다. 솔직하게 감정과 생각을 나누고, 서로 간에 피드백을 주고 요청하며, 과제와 관련된 대처 사항들을 체계적으로 조사하기 시작하면서 창의력과 생산성이 왕성해진다. 솔직한 의사소통과 응집력이 이루어지는 이 단계에 이르면, 팀원들은 팀의 일부라는 것에 대해 만족해한다.

④ 4단계 : 성취기(performing)

모든 팀이 성취기에 이르는 것은 아니다. 팀원들이 이 지점으로 전진하기 위해 그들의 역량과 인간관계의 깊이를 확장함으로써 진정한 상호의존성을 달성할 수 있어야 한다. 동등한 효율성을 발휘하는 팀 또는 총체적인 단위로서 독립적으로 일할 수 있도록 말이다. 그들의 역할과 권한들이 팀과 팀원 개개인들의 변화 욕구에 역동적으로 따라주어야 한다. 이것이 가장 생산적인 팀의 모습이 될 것이다.

팀원들이 스스로 책임을 지게 되고, 전체의 인정을 받으려는 욕구는 더 이상 중요하게 생각되지 않는다. 팀원들은 대단히 과제 지향적이자 인간 지향적이며, 조화를 이루고 사기충천하며, 팀으로서의 충성심을 보여준다. 전체적인 목표는 문제해결과 일을 통한 생산성이며, 이는 팀이 이룰 수 있는 최적의 단계로 이끌어진다.

2) 효과적인 팀

효과적인 팀이란 팀 에너지를 최대로 활용하는 높은 성과를 내는 팀이다. 업무 지원과 피드백, 그리고 동기부여를 위해 구성원들이 서로 의존하며, 팀원들이 서로의 강점을 잘 인식하고 이를 잘 활용하여 팀 목표를 달성하는 자신감을 가진 팀이다. 효과적인 팀의 핵심적인 특징은 다음과 같다.

① 팀의 사명과 목표를 명확하게 기술한다.

팀은 명확하게 기술된 목적과 목표를 가지고 있어야 한다. 명확한 목표가 있으면 지금 당장 해야 할 일을 이해할 수 있을 뿐 아니라 팀이 전체적으로 초점을 맞추고 있는 부분을 팀원들이 인식할 수 있다. 목표와 목적을 공유하면, 팀원들은 팀에 헌신하게 된다. 따라서 효과적인 팀의 리더는 팀의 목표를 규정하는데 모든 팀원을 참여시켜야 한다.

② 창조적으로 운영된다.

실험정신과 창조력은 효과적인 팀의 중요한 지표이다. 이러한 팀은 서로 다른 업무수행 방식을 시도해 봄으로써 의도적인 모험을 강행한다. 실패를 두려워하지 않으며, 새로운 과정이나 기법을 실행할 기회를 추구한다. 또한, 효과적인 팀은 문제를 다루거나 결정을 내릴 때 유연하고 창조적으로 행동한다.

③ 결과에 초점을 맞춘다.

필요할 때 필요한 것을 만들어내는 능력은 효과적인 팀의 진정한 기준이 된다. 효과적인 팀은 개별 팀원의 노력을 단순히 합친 것 이상의 결과를 성취하는 능력을 갖추고 있다. 이러한 팀의 구성원들은 지속해서 시간, 비용 및 품질 기준을 충족시켜준다. '최적 생산성'은 바로 팀원 모두가 공유하는 목표이다.

④ 역할과 책임을 명확하게 한다.

효과적인 팀은 모든 팀원의 역할과 책임을 명확하게 규정한다. 팀원 모두는 자신에게 기대되는 바가 무엇인지를 잘 알고 있으며, 동료 팀원의 역할도 잘 이해하고 있다. 효과적인 팀은 변화하는 요구와 목표 그리고 첨단 기술에 뒤처지지 않도록 역할과 책임을 새롭게 수정한다.

⑤ 조직화가 잘 되어있다.

효과적인 팀은 출발에서부터 규약, 절차, 방침을 명확하게 규정한다. 잘 짜인 구조를 가진 팀은 자체적으로 해결해야 하는 모든 업무과제의 요구에 부응할 수 있다.

⑥ 개인의 강점을 활용한다.

스포츠팀 감독은 선수가 지닌 역량을 끊임없이 파악한다. 이와 마찬가지로, 효과적인 팀의 리더는 팀이 지닌 지식, 역량 및 재능을 정기적으로 파악한다. 리더는 팀원의 강점과 약점을 잘 인식하며, 따라서 팀원 개개인의 능력을 효율적으로 활용한다.

⑦ 리더십 역량을 공유하며 구성원 상호 간에 지원을 아끼지 않는다.

효과적인 팀은 팀원 간에 리더십 역할을 공유한다. 이러한 팀은 모든 팀원에게 각각 리더로서 능력을 발휘할 기회를 제공한다. 또한, 팀의 공식 리더가 팀 노력을 지원하고 팀원 개개인의 특성을 존중하기 때문에 팀원들은 감독자의 역할을 충분히 이해할 수 있다.

⑧ 팀 문화를 발전시킨다.

효과적인 팀의 구성원들은 높은 참여도와 집단 에너지(시너지)를 갖고서 열정적으로 함께 일한다. 팀원들은 협력하여 일하는 것이 더욱 생산적이라고 느끼며 팀 활동이 흥미와 원기를 회복시킨다고 본다. 이러한 팀은 고유한 성격을 더욱 발전시켜 나간다.

⑨ 의견의 불일치를 건설적으로 해결한다.

어떤 팀에서든 의견의 불일치는 발생한다. 그러나 논쟁은 항상 나쁜 것은 아니다. 효과적인 팀은 갈등이 발생할 때 이를 개방적으로 다룬다. 팀원은 갈등의 존재를 인정하며, 상호신뢰를 바탕으로 솔직하게 토의를 함으로써 갈등을 해결한다.

⑩ 개방적으로 의사소통한다.

효과적인 팀의 구성원들은 서로 직접적이고 솔직하게 대화한다. 팀원 각자는 상대방으로부터 조언을 구하고, 상대의 말을 충분히 고려하며, 아이디어를 적극적으로 활용한다.

⑪ 객관적인 결정을 내린다.

효과적인 팀은 문제를 해결하고 의사결정을 하는 데 있어 잘 정리되고 긍정적인 접근방식을 가지고 있다. 결정은 합의를 통해 이루어진다. 따라서 모든 사람은 내려진 결정을 준수하고 기꺼이 이를 지원하고자 한다. 팀원들은 어떠한 결정에 대해서든 각자의 생각을 자유롭게 개진한다. 이를 통해 결정을 명확하게 이해하고 수용하며, 상황별 대응계획을 마련한다.

⑫ 팀 자체의 효과성을 평가한다.

팀은 자체의 운영방식에 대해 일상적으로 점검할 필요가 있다. '지속적인 개선'과 '선제적 관리'는 효과적인 팀의 운영원리이다. 따라서 만약 업무수행에 문제가 발생하더라도 심각한 상태가 되기 전에 해결할 수 있다.

04 팀워크 촉진방법

과적인 팀워크를 형성하기는 쉽지 않은 과제이다. 팀워크 형성의 가장 큰 장애물은 팀원 간 소통의 어려움에서 나타난다. 팀 구성원들이 원활한 소통을 통해 서로의 생각과 의견을 공유하고, 각자의 차이점을 조율하는 과정이 필요하며, 만약 소통에 장애가 생긴다면 팀워크는 고사하고 심각한 내부 갈등과 위기가 빚어지게 된다. 팀워크를 저해하는 요인들은 자기중심적인 이기주의와 타인에 대한 질투나 시기로 인한 파벌주의, 사고방식에 대한 차이 그리고 '내가'라는 자아의식의 과잉 등으로 나타난다고 볼 수 있다.

팀에 이러한 징후가 나타난다면 팀워크 강화를 위해 노력이 필요하다. 팀이 비효율적이고 문제가 있을 때 나타날 수 있는 문제점은 기업에서는 생산성이 하락하고, 회의가 비효율적으로 진행될 것이며, 할당된 임무와 관계에 대한 혼돈 등이 나타날 수 있다. 팀에 문제가 생기면 팀원들이 팀 프로세스 때문이라고 인정하지 않고 개인들을 탓하려 들 수도 있다. 문제의 탓을 개인에게 돌리는 좋은 예가 바로 갈등과 혼동이다. 팀 내의 갈등과 혼동은 분명히 팀의 책임이며, 팀워크 강화 및 촉진을 통해 해결되어야 할 문제인 것이다(정명진, 2010).

팀을 보다 생산적으로 만들기 위해서는 많은 노력이 필요하다. 팀워크를 촉진하는 것은 매우 중요한데, 이를 위해서는 동료 피드백 장려하기, 갈등 해결하기, 창의력 조성을 위해 협력하기, 참여적으로 의사 결정하기 등이 필요하다. 자세한 내용은 다음과 같다.

① 동료 피드백 장려하기

팀 목표를 달성하도록 팀원을 격려하는 환경 조성을 위해서는 동료 피드백이 필요하다. 긍정이든 부정이든, 피드백이 없다면 팀원들은 개선을 이루거나 탁월한 성과를 내고자 하는 노력을 게을리하게 된다.

② 갈등을 해결하기

성공적으로 운영되는 팀은 갈등 해결에 능숙하다. 효과적인 갈등관리로 혼란과 내분을 방지하고 팀 진전과정에서의 방해요소를 미리 없앤다. 활력에 찬 팀은 의견의 불일치를 바로바로 해소하는 방법을 배우게 된다. 그렇지 않으면, 갈등은 시간이 지남에 따라 증폭되고, 팀 풍토는 허약해질 것이다.

팀원 사이의 갈등을 발견하게 되면, 재빨리 개입하여 중재하여야 한다. 갈등을 일으키고 있는 구성원과의 비공개적인 미팅을 통해, 그들 각자에게 다음과 같은 질문을 하고 의견을 교환하면 갈등 해결에 매우 도움이 될 것이다.

③ 창의력 조성을 위해 협력하기

성공적인 팀워크를 위해서는 언제나 협력이 필요하다. 모든 구성원의 잠재력을 최대로 활용하는 팀은 협력의 중요성을 잘 이해하고 있다. 모든 팀원이 협력하여 일할 때 창의적인 아이디어가 넘쳐나며 이에 따라 혁신적인 발전도 이루어진다.

④ 참여적으로 의사 결정하기

의사결정을 내릴 수 있다는 것은 임파워먼트(empowerment)를 발휘한다는 것을 의미한다. 그리고 자신 있게 미래를 만들어 갈 기회가 제공되었음을 뜻한다. 어떠한 팀에서든 의사결정은 내려지게 마련이며, 의사결정을 내리는 사람은 팀을 통제한다.

⑤ 개방적인 문화, 분위기를 형성하기

어떤 이야기든지 거리낌 없이 토론할 수 있는 원활한 소통의 장을 마련하는 것이 중요하다. 이를 위해서는 비판보다는 칭찬, 서로의 차이에 대한 수용과 인정, 실패에 대한 관용과 격려의 문화를 조성해야 한다.

⑥ 접촉의 기회를 늘리기

사내에 각종 모임을 활성화하면 팀워크 향상에 긍정적인 영향을 가져올 수 있다. 전문분야, 취미, 관심 사항 등에 관련된 동아리를 결성하고 다양한 이벤트와 프로젝트를 추진해 구성원들 간 접촉의 기회를 최대한 늘려야 한다. 팀워크는 결국 스킨십을 통해 강화되기 때문이다.

⑦ 소셜네트워크를 활용하고 소통 채널을 다양화하라.

팀워크 구축을 위해서는 소통의 경로를 다양하게 확장할 필요가 있다. 트위터, 페이스북, 카카오톡, 인스타그램 같은 소셜네트워크를 적절히 활용하면 팀워크 향상에 바람직한 결과를 얻을 수 있다.

학습정리

1. 팀워크란 팀구성원이 공동의 목적을 달성하기 위하여 상호관계성을 가지고 협력하여 업무를 수행하는 것을 말한다.

2. 팀의 발전단계는 형성기, 격동기, 규범기, 성취기의 단계를 거친다.

3. 효과적인 팀은 ① 팀의 사명과 목표를 명확하게 기술 ②창조적인 운영 ③ 결과에 초점을 맞춤 ④ 역할과 책임의 명료화 ⑤ 조직화 ⑥ 개인의 강점 활용 ⑦ 리더십 역량을 공유 ⑧ 팀 풍토를 발전 ⑨ 의견의 불일치를 건설적으로 해결 ⑩ 개방적으로 의사소통 ⑪ 객관적인 의사소통 ⑫ 팀 자체의 효과성 평가 등의 특성을 지닌다.

4. 팀워크를 촉진시키기 위해서는 ① 동료 피드백 장려하기 ② 갈등을 해결하기 ③ 창의력 조성을 위해 협력하기 ④ 참여적으로 의사결정하기 등의 요소가 필요하다

04
CHAPTER

멤버십 능력

학습목표

1. 멤버십의 정의를 설명할 수 있다.
2. 멤버십의 중요성을 설명할 수 있다.
3. 멤버십 유형에 대해 설명할 수 있다.
4. 멤버십 개발방법에 대해 설명할 수 있다.

01 멤버십의 정의

조직의 성공은 리더 혼자만의 노력으로 이루어지는 것은 아니다. 성공하는 기업, 성공하는 리더를 위해서는 리더와 뜻을 함께하고 행동하는 좋은 팔로워(follower)가 필요하다. 성과가 좋지 않거나 일이 잘못되었을 때, 리더에게 모든 책임을 지게하고, 리더를 비방하는 경우가 종종 있다. 조직에서 중추적인 리더가 최종 책임을 지는 것은 이해할 수 있지만 리더 혼자서만 좋은 성과를 얻을 수 있는 것은 아니다. 리더의 비전을 바라보고 이를 뒤에서 적극적으로 지원하는 팔로워십 또한 절실히 필요하다.

리더십과 멤버십의 두 개념은 상호보완적이며 필수적인 관계이다. 좋은 리더가 나쁜 멤버를 만난 경우, 좋은 리더가 나빠질 수 있고, 나쁜 리더가 좋은 멤버를 만난 경우, 나쁜 리더가 좋은 리더가 될 수도 있다. 결국 어떠한 리더를 만나더라도 멤버로서 해야 할 역할을 정확히 인식하는 것이 중요하다. 조직이 성공을 거두려면 모두가 최고의 기량을 발휘해야만 한다.

리더십을 잘 발휘하는 탁월한 리더와 멤버십을 잘 발휘하는 탁월한 멤버, 둘 다 있어야만 한다.

멤버십이란 조직의 구성원으로서 자격과 지위를 갖는 것으로 훌륭한 멤버십은 팔로워십의 역할을 충실하게 잘 수행하는 것이다. 멤버십과 팔로우어십은 같은 개념으로 볼 수 있는데 팔로워십이란 리더를 따르는 것으로, 팔로워는 리더의 고통을 돕고 후원하는 사람을 말한다. 팔로워들은 헌신, 전문성, 용기, 정직하고 현명한 평가 능력, 융화력이 있어야 하고 겸손함이 있어야 하며, 리더의 결점이 보일 때도 덮어주는 아량이 있어야 한다. 하지만 팔로워는 리더에게 종속된 지위의 관점은 아니며 대등한 관계로 볼 수 있다.

"남을 따르는 법을 알지 못하는 좋은 지도자가 될 수 없다"는 아리스토텔레스의 말처럼 좋은 팔로워가 된다는 것은 좋은 리더가 되기 위한 선행조건이다. 리더의 입장이 되어 리더의 관점에서 생각하고, 행동하는 팔로워가 리더에게 도움이 된다. 최근 조직의 대형화와 업무의 전문화, 복잡해진 업무 속에서 리더에게만 매달리는 것이 결코 현명한 일이 아니다. 그 결과 학자들 사이에서 주목을 받게 된 것이 리더를 따라 업무를 하고 원하는 방향으로 판단을 유도하기도 하며, 때로는 반대편에서 리더가 잘못 들어가는 사람, 조직을 구성하며 리더의 지시를 따르고 그를 도와 조직의 긍정적인 발전을 유도하는 사람들을 일컬어 팔로워라고 하고, 그들이 공통적으로 갖고 있는 성향이나 행동방식 또는 사고 체계를 포괄적으로 팔로워십이라고 한다.

02 멤버십의 중요성

개그콘서트의 한 코너에서는 '1등만 기억하는 더러운 세상'이라고 팔로워들의 신세를 한탄하는 자조어가 유행한 적이 있다.

과연 그런 것일까?

과거에는 리더가 조직을 움직였다. 그러나 이제는 팔로워의 힘을 빌리지 않으면 변화된 환경에 적응해나갈 수 없을 정도로 세상은 빛의 속도로 빠르게 바뀌고 있다. 심지어 "대통령도 국민이 고용한 5년 단임의 비정규직으로 생각하고 사회적 약자의 목소리에 귀를 기울여야 한다."고 목소리를 높이고 있을 정도다.

전에는 잘난 사람의 리더십이 중요했지만, 지금은 대중의 팔로워십이 중요한 시대이다. 1만 명을 먹여 살리는 한 명의 인재가 "나를 따르라"고 외치면 9천999명이 뒤를 따랐지만, 이제 그런 시대는 끝났다는 것이었다. 훌륭한 팔로워가 훌륭한 리더를 만들고, 훌륭한 조직을 형성해간다.

장 자크 루소는 "이끄는 법을 배우려면 먼저 따르는 법을 배워야 한다."고 했다. 우리는 모두가 팔로워였다. 어린 시절에는 부모를 따랐고, 커서는 조직의 리더를 따랐다. 그렇게 성장한 팔로워들은 또다시 성장하여 조직의 리더로 활약하게 된다. 때문에 성공한 리더가 되려면 팔로워십부터 배워야 한다. 리더십의 출발점은 팔로워십에서 시작된다.

리더와 팔로워는 어떤 차이가 있을까. 리더가 이끄는 사람이라면 팔로워는 밀어주고 끌어당기는 사람이다. 조직 속의 팔로워는 상사에겐 팔로워이지만 부하직원에게는 다시 리더가 된다. 그와 동시에 팔로워는 동료인 펠로우(Fellow)들과 조직의 가치와 공동의 목적을 달성하기 위해 함께 노력하는 사람들이다. 때문에 팔로워십은 리더십과 펠로우십(Fellowship)을 포괄하는 총괄개념이기도 하다. 이처럼 과거에는 그다지 중요하게 생각하지 않던 팔로워십 교육에 대해 최근 들어 기업은 물론 지자체에서도 많은 관심을 보이기 시작하고 있다.

조직관리 및 리더십 학자인 켈리 교수는 조직의 성공에 있어서 리더가 기여하는 것은 많아야 20% 정도이고 그 나머지 80%는 팔로워들의 기여로 볼 수 있다고 말하였다. 그는 팔로어의 중요성을 강조하며, 팔로어는 나뭇잎과 같아서 나무의 잎 부분인 동시에 나무 전체를 구성하는 것처럼 조직 전체의 정신, 목적, 방향을 구체화하는 것이라고 정의하였다.

바다 위에 모습을 일부분만 드러내고 대부분 바다 밑에 숨겨져 있는 빙산과 같이 실제 조직의 대부분은 바닷물 속에 가라앉아 있고, 리더만이 물 위로 솟아오른 빙산처럼 뾰족하게 모습을 드러내고 있다. 바다 아래에 있는 팔로워들이 어떤 역량을 발휘하고 어떤 성과를 내느냐에 따라 리더에 대한 평가가 결정된다(그림 4.1).

그림 4-1 빙산의 일각과 같은 리더

지금까지 리더에게만 관심을 갖고 있었으나, 이제는 조직의 운명을 리더에게만 맡겨 놓을 수 있는 시기는 지났다. 우리는 지금 20%의 리더가 아닌 80%의 팔로워가 조직의 운명을 결정하는 변화의 시대에 살고 있기 때문이다. 급변하는 경영환경 속에서 성공적인 기업은 여러 방식으로 발전을 해

나가며, 역동적인 조직은 협력자들과 지도자들을 끌어들이고 있다. 따라서 발전을 거듭해 쇠퇴의 길로 접어드는 것을 피하려면 조직과 기업은 성장해야 하고 새로운 길을 개척해 나가야 하며, 일하는 사람들에게 '리더십의 보이지 않는 손'을 제공해야 한다는 것이다. 리더십의 보이지 않는 손이란 팔로어의 몫이 될 것이다. 조직이나 기업을 이끌어 간다고 하지만 실제로는 누군가의 밑에 있는 경우가 대부분이므로 리더 또한 다른 사람을 따른다는 입장에서 출발해야 할 필요가 있다(양정원, 2011).

읽을거리 영화 인턴

인터넷 의류 업체 "About the Fit"의 창업자인 줄스 오스틴은 열정과 의지를 가진 젊은 여성 사업가로 빠른 시간에 회사를 성장시켰다. 하지만 매일 회사 규모와 직원 역량을 벗어나는 문제가 발생하고 이에 투자자들은 줄스에게 전문 경영인(CEO)을 채용할 것을 요구한다. 그러나 그녀는 자신 위에 상사가 존재해야 한다는 점을 받아들이지 못하며, 경영인을 고용했을 때 결국 자신의 위치가 사라질까 두려워한다.

기업의 사회공헌 차원에서 65세 이상 노인을 대상으로 하는 노인 일자리 사업 인턴 프로그램을 시작한다. 과거 전화번호부 회사의 임원으로 재직하다가 정년퇴직했고 아내와 사별 후에는 그동안 쌓인 마일리지로 여행을 즐기던 70세의 벤 휘태커는, 다시 사회로부터 자신의 필요성을 느끼고 자존감을 높이기 위해 인턴 프로그램에 지원, 합격한다. 벤은 줄스의 개인 인턴으로 배정되어 업무를 시작하지만, 줄스는 그런 벤에게 회의적인 입장이다. 그러나 벤의 연륜에서 묻어나는 처세술과 각종 노하우들에 점점 신뢰를 갖게 되고, 개인 운전기사도 맡게 되며 둘은 베스트 프렌드가 된다. 또한 벤은 회사 내부의 마사지사 피오나와 로맨틱한 관계로 발전하며, 나이 어린 회사 동료들에게는 연애 상담, 클래식 스타일 코디 등을 알려주며 친근한 아버지와도 같은 관계를 맺어나간다.

샌프란시스코 방문에서 만난 CEO 후보와의 미팅 직후 그를 고용하기로 하고, 벤과 남편에게 이 사실을 전한다. 그러나 줄스가 회사에 돌아오자마자 매트는 줄스의 꿈을 포기하지 말라며 CEO 영입을 재고할 것을 설득한다. 결국 줄스는 외부 CEO 스카우트를 중단하기로 결정하며, 그 소식을 가장 먼저 벤에게 알려주기 위해 벤을 찾는다.

이 영화에서 팔로워십에 대해 장면들을 많이 볼 수 있는데, 나이와 관계없이 리더에 대한 예의, 리더의 취향에 맞추려고 하는 모습, 자신보다는 동료를 부각시켜 주는 모습, 리더의 장점을 발견하고, 강조하여 리더에게 용기를 주는 모습 등 시간이 된다면 영화를 보고 팔로워십에 대해 생각해보자.

03 멤버십 유형 진단과 유형별 특성

1) 멤버십 유형 진단

독립적 관점에서 팔로워십에 접근한 학자는 켈리(1992)이다. 그는 리더십과 팔로워십을 분리하여 팔로워십을 리더십의 하위요소가 아닌 독립적인 요소로 보아 팔로워의 역할을 강조하였다. 그는 연구를 통하여 멤버십 유형을 나누는 두 가지 기준을 제시하였다.

첫 번째는 독립적이고 비판적인 사고이다. 최고의 팔로워는 스스로 생각하고, 건설적인 비판을 하며, 자기 나름의 개성이 있고, 혁신적이며 창조적인 개인들로서 묘사된다. 그 스펙트럼의 반대쪽 끝에 있는 최악의 팔로워는 할 일을 지시받아야 하고, 스스로 알아서는 화장실도 못 가며, 생각을 하지 않는다. 그 중간에 전형적인 팔로워가 있는데, 이들은 지시를 받으며, 리더나 집단에 저항하지 않는 사람들이다.

두 번째는 팔로워로서의 능동적인 참여다. 최고의 팔로워는 솔선수범하고 주인의식을 가지고 있으며, 적극적으로 참여하고 자발적이며, 맡은 일 이상을 한다. 최악의 팔로워는 수동적이고 게으르며, 늘 재촉과 감독을 받아야 하며, 책임을 회피한다. 전형적인 팔로워는 해야 할 일을 지시받은 뒤에는 감독 없이 일을 마치며, 자기 앞가림만을 위해 변명을 늘어놓으며, 시류에 편승해 행동한다.

이처럼 그는 '사고'와 '행동'의 두 가지 기준을 토대로 4가지 팔로워 유형을 구분하고 이 두 가지 속성이 뚜렷하지 않은 중간 유형의 사람들을 별도로 구분하여 모두 5가지 팔로워 유형을 제시하였다(그림 4.2).

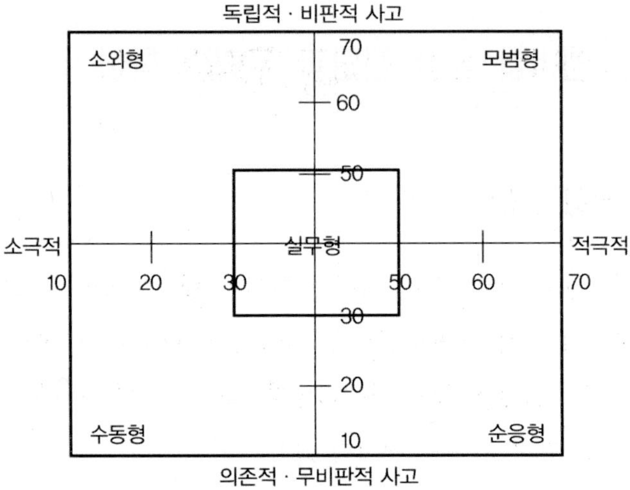

그림 4-2 팔로워의 유형

활동

다음 각 문항에 대해 자신에게 해당된다고 생각하는 빈도를 다음 기준에 따라 체크하시오. 진단결과를 팀원과 공유하시오.

1. 전혀 아니다. 2. 거의 아니다. 3. 4. 보통이다. 5. 가끔 그렇다. 6. 거의 그렇다. 7. 정말 그렇다.

질문	응답						
1. 당신의 일은 자신에게 중요한 그 어떤 사회적 목표나 개인적인 꿈을 성취하는 데 도움이 되는가?	1	2	3	4	5	6	7
2. 당신 개인의 업무목표가 조직의 최고목표와 일치하는가?	1	2	3	4	5	6	7
3. 당신은 최선의 아이디어와 능력을 일과 조직에 쏟아붓고 지극히 헌신적이며 정력적으로 일하는가?	1	2	3	4	5	6	7
4. 당신의 열의가 확산되어 동료 직원들을 활기차게 만드는가?	1	2	3	4	5	6	7
5. 리더의 지시를 기다리거나, 떠맡지 않고 조직에 가장 중요한 목표를 성취하기 위해 무엇이 중요한 활동인지를 자신이 판단하는가?	1	2	3	4	5	6	7
6. 리더와 조직에 더욱 가치 있는 사람이 되기 위해서 당신은 독특한 능력을 적극적으로 발휘하는가?	1	2	3	4	5	6	7
7. 새로운 일이나 임무가 시작되었을 때, 리더가 중요한 의미라고 생각하는 부분에서 곧바로 공적을 세우는가?	1	2	3	4	5	6	7

8. 당신이 부족한 점을 채울 것이라는 점을 믿고, 리더는 어려운 임무를 당신에게 맡기는가?	1	2	3	4	5	6	7
9. 당신은 자신의 업무범위를 벗어나는 일도 찾아내서 성공적으로 완수하기 위해 솔선수범하는가?	1	2	3	4	5	6	7
10. 리더의 부재 시에도, 맡은 일보다 많은 일을 하고 능력껏 일하는가?	1	2	3	4	5	6	7
11. 리더나 조직의 목표에 크게 공헌할 수 있는 새로운 아이디어를 독자적으로 고안해서 적극적으로 제기하는가?	1	2	3	4	5	6	7
12. 리더에게 의존해서 어려운 문제를 해결하기보다는 스스로 해결하려 하는가?	1	2	3	4	5	6	7
13. 자신은 아무런 인정을 받지 못할 때라도 다른 동료들이 좋은 평가를 받도록 돕는가?	1	2	3	4	5	6	7
14. 필요한 경우 일부러 반대의견을 개진해서라도 리더와 팀이 실패의 위험성을 볼 수 있도록 돕는가?	1	2	3	4	5	6	7
15. 리더의 요구나 목표 제약을 이해하고 그것을 충족시키기 위해서 열심히 일하는가?	1	2	3	4	5	6	7
16. 자신에 대한 평가를 미루기보다는 장점과 약점을 적극적이고 솔직하게 인정하는가?	1	2	3	4	5	6	7
17. 단지 지시받은 일을 하는 것에서 탈피하여 리더가 내린 판단이 얼마나 현명한가를 스스로 평가해보는 습관이 있는가?	1	2	3	4	5	6	7
18. 리더가 전문분야나 개인적인 흥미에 정변으로 배치되는 일을 줄 때 'No'라고 하는가?	1	2	3	4	5	6	7
19. 리더나 팀의 기준이 아니라 자신의 윤리적 기준에 따라 행동하는가?	1	2	3	4	5	6	7
20. 당신이 속한 집단과 의견이 다르거나 리더로부터 질책을 당한다고 해도 당신은 중요한 이슈에 대해서 자기견해를 주장하는가?	1	2	3	4	5	6	7

[집계표]

표시한 내용을 다음 표에 번호에 맞춰 옮겨 적은 후 자신의 팔로워 유형을 확인하고 다음 각 질문에 대한 자기 생각을 정리한다.

행동의 적극성 (x축)	1	3	5	7	9	11	13	15	17	19	계
사고의 독립성 (Y축)	2	4	6	8	10	12	14	16	18	20	계

① 당신은 어떤 유형의 팔로워인가?

구분	모범형	소외형	순응형	수동형	실무형
행동의 적극성	50~70점	10~30점	50~70점	10~30점	31~49점
사고의 독립성	50~70점	50~70점	10~30점	10~30점	31~49점

② 모범형 팔로워가 되기 위해서 당신이 개발해야 할 점은 무엇인가?

③ 어떤 유형의 팔로워가 조직에서 오랫동안 살아남는다고 생각하는가? 그 이유는 무엇인가?

출처: 서지영(2012). 교사의 팔로워십 유형과 교원 성과급간의 관계. 국내석사학위논문 경인교육대학교, 인천.

2) 멤버십 유형별 특성

① 모범형

모범형은 주도형이라고도 하며 조직 구성원의 5~10% 정도를 차지한다. '조직과 팀의 목적달성을 위해 독립적/혁신적으로 사고하고, 역할을 적극적으로 실천하는 사람이다. 이 모범형 멤버가 가지는 기본 특성을 두 가지 측면에서 설명하면, 첫째 독립적/혁신적 사고 측면에서 스스로 생각하고 건설적 비판을 하며, 자기 나름의 개성이 있고 혁신적이며 창조적인 특성을 가진다. 둘째 적극적 참여와 실천 측면에서 솔선수범하고 주인의식을 가지고 있으며, 적극적으로 참여하고 자발적이며, 기대 이상의 성과를 내려고 노력하는 특성을 가진다. 이상적으로 우리가 추구하는 유형이라 할 수 있다.

② 실무형

실무형은 약 25~35%로 현재 상황을 유지하려는 사람으로 설명할 수 있다. 적당한 열의와 평범한 능력으로 업무를 수행하며 규정과 규칙에 따라 행동한다. 해야 할 일은 수행하지만, 그 이상의 모험은 하지 않고, 강력한 주장이나 상사와 대립은 피한다. 이들이 모범형 팔로워가 되기 위해서는 일단 목표를 설정하고 조직에 적극적으로 참여하며 사람들에게 자신의 부정적인 이미지를 없앨 수 있는 신뢰와 신용을 쌓아야 한다.

③ 순응형

순응형은 약 20~30%로 긍정적이고 항상 리더의 편에 서서 조화를 이루며 일하는 사람이다. 자기 주도적으로 일을 처리하기보다는 리더의 지시 때문에 하는 편이다. 리더가 그들에게 어떤 업무 지시를 하면, 지시에 따라 열심히 업무를 한다. 업무를 끝내고 나면 다시 돌아와서 다음엔 무엇을 할지를 묻는다. 조직 발전에 꼭 필요한 유형의 팔로워이지만 이들이 모범형 팔로워로 발전하기 위해서는 자기 주도적으로 일하는 습관과 용기가 필요하다.

④ 소외형

소외형은 약 15~25%로 스스로 부정적인 에너지를 많이 가지고 있다. 이들은 왜 리더나 조직이 전진하지 말아야 하는지에 대한 10가지 이유를 가지고 있는 사람들이다. 능력은 있지만, 조직을 위해 능력을 발휘하지 않고, 비판이나 상황 분석력은 발달하여 있지만, 대안은 제시하지 못하는 유형이다. 이들은 다음 해결책들을 제시하지도 않으며, 회의적이고 현재의 활동 계획에 냉소적이다. 조직의 발전에 가장 장애가 되는 유형이며, 부정적인 분위기를 주도하여 조직 내에 퍼뜨릴 위험이 있다.

'썩은 사과의 법칙'이 있다. 만일 당신이 팀 리더로서 팀에 팀워크를 무너뜨리는 썩은 사과가 있다고 생각하면 잘못 생각할 수 있기에 문제 상황에 대하여 먼저 그와 대화를 나누어라. 그런 후에 그 팀원이 문제가 있는 것으로 판명되면 그에게 기대하는 것을 분명히 전하고 스스로 변화될 기회를 주라. 그다음에 그가 책임감을 느끼게 하라. 만약 그가 변한다면 그것은 팀을 위한 승리이다. 그러나 그가 끝내 변하지 않는다면 그를 팀에서 내보내라. 한 사람의 썩은 사과가 팀 전체를 망칠 수 있기 때문이다(김재덕, 2003).

⑤ 수동형

수동형은 약 5~10%로 문제가 되지 않는 선에서 일을 처리하고 리더와 협력하거나 조화를 이루려는 노력에도 소극적이다. 시키는 일은 하되 리더와는 대립하지 않는 선에서 일하면 된다고 생각한다. 보수적이고 권위적인 조직에서 흔히 볼 수 있는 유형이며 수동형 팔로워는 조직의 정체와 퇴보에 영향을 미친다.

04 멤버십 개발방법

리더를 도울 수 있는 멤버십은 리더 입장에서 리더가 원하는 것이 무엇인지를 고민하는 데에서 시작된다. 모범형 팔로워는 리더에 대해 다소 불만이 있더라도 리더가 왜 그러한 결정을 했는지, 그럴 수밖에 없었는지 등에 대해서 한 번쯤 진지하게 고민하는 사람들이다.

이는 단순히 업무적인 측면만을 이야기하는 것은 아니다. 감성적인 측면에서도 리더의 고충을 이해하고 마음으로 다가가려는 노력 또한 필요하다. 높은 자리에 있는 특성상 외로울 수밖에 없는 리더들에게 힘을 불어넣어 주는 것은 무엇보다도 팔로워들의 리더에 대한 열린 마음과 협조임을 명심해야 할 것이다. 다음은 이상적인 유형인 모범형 팔로워가 되기 위한 개발방법이다.

① 모든 리더에게는 배울 점이 있다고 생각하기

리더가 가지고 있는 장점을 파악하여 리더로서 자격이 전혀 없는 인물이라는 생각이 들더라도 배울 점을 찾는 자세를 갖는 게 중요하다. 리더의 단점은 자신이 리더의 입장이 되었을 때 좋은 참고자료가 될 수 있다. 리더로서 삼가야 할 행동과 말을 기록해 두는 것도 한 방법이다.

② 리더에게 자원이 되기

리더가 필요로 하는 것이 무엇인지를 간파하여 그것을 해결해 줄 수 있는 사람이 되어야 한다. 자신이 팀의 비전이나 목표를 달성하는 데 긴요하게 쓰일 수 있도록 해야 한다. 그러기 위해서는 리더와 자주 만나 리더가 필요한 것이 무엇인지, 내가 무엇을 할 수 있는지를 알릴 필요가 있다. 리더의 자원이 되기 위해서는 수시로 도움이 되는 정보를 제공하는 것이 좋다. "지금 이런 식으로 진행되고 있습니다.", "다른 부서에서 이런 일이 있었습니다.", "어제 점심에 현장에서 이런 이야기가 나왔습니다."라는 식으로 자신이 알고 있는 정보를 적극적으로 리더에게 제공한다.

③ 자기분야의 전문가 되기

조직이 처한 여건이나 진행되는 일의 상황 등에 대해 철저히 파악하는 것이 필요하다. 업무 처리 실력이 뛰어나면 좋든 싫든 리더가 의지할 수밖에 없다. 자신의 가치를 높여야 리더의 신뢰를 얻을 수 있다. 이를 위해서는 자신에 대한 투자를 게을리해서는 안 된다. 무엇보다 자신이 맡은 일에 관한 한 조직 내에서 최고의 전문가가 되어야 한다.

④ 최신정보를 습득하기

직장 상사가 권위를 가질 수 있었던 이유 중 하나는 상위 정보의 전달자 역할을 할 수 있었기 때문이다. 그러나 정보 전달속도가 빠르고 다양한 채널을 통해 정보를 얻게 됨에 따라 이제는 가장 빠르고 정확한 정보를 접한 사람이 부서 내에서 영향력을 갖는다. 업무에 관한 정보는 항상 수집하고 정리해 두는 것이 필요하다.

⑤ 리더의 입장에서 생각하기

직급에 맞게 생각하고, 지시받은 사항만 처리하고 보고한다는 생각은 버려야 한다. 직급이 과장이라면 부장의 시각과 사고방식을 갖고 접근해야 한다. 업무를 보고할 때는 자신의 업무 범위에서 일어나는 사항과 함께 그 의미까지 설명할 수 있어야 한다. 또 미래를 예측하고 주의를 촉구하는 일도 필요하다.

⑥ 실수를 인정하기

자신에게 분명히 잘못이 있어서 야단을 맞는 경우에는 깨끗이 실수를 인정하는 것이 좋다. 사과를 해야 하는 경우에는 단도직입적으로 자신의 잘못을 인정하는 것이 무엇보다 중요하다. 아무리 자신에게 불리한 일일지라도 실수를 사실로 인정하고 깨끗하게 사과를 하면 오히려 리더에게 성실하거나 책임감이 있다는 인상을 남길 수 있다. 이럴 경우에는 단순히 실수만 인정하는 것이 아니라 그 실수를 보완하기 위한 나름의 대처방안을 전하는 것이 좋다. 아무리 커다란 실수 일지라도 그것에 대한 보완책을 내놓으면 실수를 만회할 수 있는 것은 물론이고 신뢰감을 얻게 된다.

읽을거리 조직을 이끄는 훌륭한 팔로워십은 무엇일까?

첫째 자신의 역할에 대한 리더십이 있어야 한다.

어느 외국 대사의 부인이 마당에 나무를 심기 위해 정원사를 불렀다. 처음 정원사는 자기 생각대로 나무와 장소를 정하여 심고 사라졌다. 두 번째 정원사는 부인이 시키는 대로 잘 심어주었다. 세 번째 정원사는 주택을 둘러보고 마당을 이리 저리 살펴보더니 부인과 상의한 후 나무와 장소를 정하여 심었다. 당신이라면 어느 정원사와 일을 하겠는가?

세 번째 정원사는 부인의 지시에 따라 작업을 수행했지만 누가 리더이고 팔로워인가? 최종 결정은 부인이 내렸지만 실제로 결정을 돕고 이끈 사람은 결국 팔로워인 정원사인 것이다. 이처럼 리더와 팔로워는 반대적 개념이 아니라 역할에 따른 상대적 개념일 뿐이다. 본질은 같지만 H_2O가 온도에 따라 물, 얼음, 수증기로 존재하는 것처럼 팔로워는 리더의 또 다른 이름이다.

순천만 국가정원

학습정리

1. 리더십과 멤버십은 서로 다른 개념이며 각기 별도의 역할을 가지고 있다. 두 개념은 독립적인 관계가 아니라 상호보완적이며 필수적인 존재이다. 조직이 성공을 거두려면 모두 최고의 기량을 발휘해야 한다.

2. 조직의 성공에 있어서 리더가 기여하는 것은 많아야 20% 정도이고 나머지 80% 팔로워들의 기여로 볼 수 있다고 하였다.

3. 팔로워의 유형은 모범형, 실무형, 순응형, 소외형, 수동형으로 구분된다. 이 중 모범형이 스스로 생각하고 건설적 비판을 하며, 자기 나름의 개성이 있고 혁신적이며 창조적인 특성을 가진다.

4. 모범형 팔로워가 되기 위한 방법으로는 모든 상사에게는 배울 점이 있다고 생각하기, 리더에게 자원이 되기, 자기 분야의 전문가 되기, 최신정보를 습득하기, 리더의 입장에서 생각하기, 실수를 인정하기 등이 있다.

05
CHAPTER

리더십 능력

01 리더십의 정의
02 관리자와 리더
03 리더십 이론의 발달과정
04 리더십의 유형과 효과적인 발휘

학습목표

1. 리더십의 정의를 설명할 수 있다.
2. 관리자와 리더의 차이점을 설명할 수 있다.
3. 리더십이론의 발달과정에 대해 설명할 수 있다.
4. 리더십 유형에 대해 설명할 수 있다.

01 리더십의 정의

리드(lead)라는 말의 어원은 라틴어의 '안내하다.'라는 뜻을 갖는 라틴어의 loeden에서 나왔고, 리더(leader)는 '안내자' 또는 '이끄는 사람'을 뜻한다. 리더 다음에 오는 십(ship)은 잘 알려져 있듯 배(ship) 말한다. 리더십(leadership)은 다른 사람을 안내하고 이끄는 것을 말하며 정확히 규정된 정의는 없으며 경제, 사회의 환경을 반영하며 다양하게 정의되어 왔다. 리더십에 대한 다양한 정의를 정리하면 다음과 같다.

① 리더십은 "개인의 행동이며 집단의 활동들을 공유 목표로 향하게 한다." (Hemphill & Coons)
② 리더십은 "조직의 일상적인 지시에 기계적으로 순응하는 것을 넘어서도록 영향력을 행사하는 것이다." (Katz & Kahn, 1978)
③ "개인이 부하들의 동기를 자극하고 끌어들이며 만족시키기 위해서 제도적 · 정치적 · 심리적 그리고 기타의 자원을 동원할 때 발휘된다." (Burns, 1978)
④ 리더십은 "한 사람 또는 그 이상의 사람이 성공적으로 다른 사람의 현실을 구성하고 만드는 과정에서 실현되는 것"이다. (Smirchch & Morgan, 1982)
⑤ 리더십은 "목표를 성취하도록 조직화된 집단의 활동에 영향을 미치는 과정"이다. (Rauch & Behling, 1984)
⑥ 리더십은 "비전을 명확히 하고 가치를 구체화시키며, 그 안에서 일이 달성될 수 있도록 환경을 창조하는 것"이다. (Richards & Engle, 1986)
⑦ 리더십은 "집합적 노력에 목적, 즉 의미 있는 방향을 부여하고 목적을 달성하기 위해 기꺼이 노력을 확대하도록 만드는 과정"이다. (Jacobs & Jaque)
⑧ 리더십은 "문화 바깥으로 나가 보다 적응적인 진화적 변화 과정을 착수하는 능력"이다. (Schein, 1992)
⑨ 리더십은 "사람들이 함께 무엇을 하고 있는지에 대한 의미를 파악함으로써 사람들로 하여금 그것을 이해하고 그것에 몰입하도록 하는 과정"이다. (Drath & Palus, 1994)
⑩ 리더십은 "개인이 타인에게 영향을 미치고 동기를 부여하며 타인이 조직의 효과성과 성공을 위해 공헌할 수 있도록 하는 개인의 능력"이다. (House et al., 1999)

출처: G. Yukl, Leadership in Organizations(2008).

이러한 내용을 토대로 리더란 리더십을 가진 사람을 말하며, 리더십은 일정한 상황에서 조직의 목표 달성을 위하여 구성원(팔로워)들에게 영향을 미치는 과정이라고 할 수 있으며, 리더, 구성원, 리더십이 발휘되는 상황의 상호작용 결과로서 이루어진다고 할 수 있다(그림 5.1).

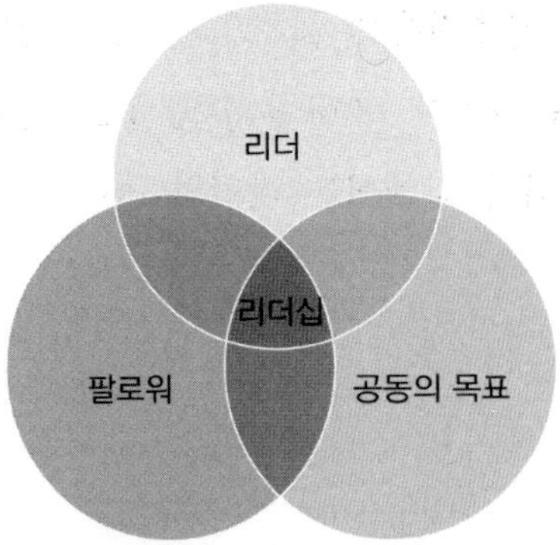

그림 5-1 리더십의 핵심요소

'리더'라고 하면 어떤 직위가 있어야 한다고도 생각할 수 있다. 그러나 리더는 반드시 직위를 수반하는 것은 아니다. 직급에 따라 요구하는 리더십 역량이 다소 다를 뿐이다. 전 조직원이 각자의 위치에서 리더십으로 무장할 때 그 조직은 매우 강하며 밝은 미래를 가질 수 있을 것이다. 리더는 미래 통찰력을 가지고 조직의 성장에 영향력을 미치는 공통된 목표를 제시하여야 하고, 그 목표를 달성할 수 있도록 조직원과 팀워크를 이루어 성과를 내는 과정을 주도하는 사람이라고 볼 수 있다.

리더십은 공통의 목표, 조직의 상황, 영향력, 자발성, 상호작용의 다섯 가지 요소를 포함한다. 리더십은 리더와 구성원 간의 공통의 목표를 달성하기 위한 과정이다. 리더십은 두 사람 이상으로 구성된 집단이나 조직의 리더십이 발휘되는 상황을 전제로 한다. 이는 리더와 구성원 간의 관계뿐만 아니라 구성원과 구성원 간의 관계, 환경 요소도 리더십 성과에 영향을 미친다는 것이다. 리더는 구성원에게 보상을 통해 영향을 미친다. 구성원들은 공헌을 통해 리더에게 영향을 미친다. 영향력은 상호작용의 대상으로 리더십의 필수 요건이다. 리더십은 리더에 대한 믿음과 기대를 토대로 자발적으로 따라가는 자발성을 전제로 한다. 리더를 따르는 이유는 복종이 아닌 존경심이어야 한다. 마지막으로 리더십은 리더와 구성원 간의 이슈와 생각, 정서를 매개로 상호작용의 과정이다. 상호작용은 시간의 흐름에 따라 변화하는 가변성을 가진다. 좋아질 수도 있고 나빠질 수도 있다. 리더십이 제대로 효과를 보이기 위해서는 리더와 구성원 모두 시간 경과에 따라 진화해야 한다.

02 관리자와 리더

리더(leader)라는 용어가 본격적으로 사용된 이래로 꽤 오랫동안 리더와 관리자(manager)의 의미를 혼용해서 사용해서 사용해왔다. 관리자와 리더는 모두 자신이 속해 있는 조직으로부터 부여받은 권력으로 타인에게 어떤 영향력을 행사할 수 있기에 관리자이자 리더라고 생각하게 된다. 하지만 관리자와 리더는 차이가 있는데 관리자는 조직의 운영을 책임지는 사람으로 계획, 조직화, 지시, 조정, 통제 등의 관리 활동을 통해 업무 성과를 달성한다. 리더는 개인과 조직의 변화를 촉진하는 사람이다. 관리자는 조직의 최고 결재권자에 의해 임명된 리더로서 파트장, 본부장, 팀장과 같이 장(長)자가 붙은 공식적 직책자들을 말한다. 리더는 공식적 직위와 관계없이 특정 개인을 조직의 실질적 능력자로 인정하는 경우이다. 이는 리더가 가진 전문적 지식이나 경험, 정보, 인맥, 신뢰 그리고 존경과 같은 개인적 특성과 자질 때문에 구성원들에 의해 리더로 자연스럽게 인정받은 것으로 자생적 리더라고 한다.

리더와 관리자의 차이는 리더는 변화 방향을 설정하고 제시하는 반면, 관리자는 목표를 기획하고 성과에 치중한다고 한다. '세기의 경영자'로 존경받는 GE사의 회장 잭 웰치는 '관리자가 되지 말고 리더가 되라'고 주장한다. 리더십 없는 관리만의 경영으로 급변하는 경영환경에 적절히 대처할 수 없기 때문이다. 일류 리더는 관리자의 매니지먼트의 기술에 리더의 능력을 부가가치로 첨가하여 가지고 있는 사람이다. 리더와 관리자의 가장 큰 차이점은 비전이 있고 없음에 있다. 그리고 관리자의 역할이 자원을 관리·분배하고 당면한 문제를 해결하는 것이라면, 리더는 비전을 선명하게 구축하고 그 비전이 팀 멤버의 협력 아래 실현되도록 환경을 만들어 주는 것이다. 따라서 관리자의 관심사가 주로 사람이나 물건을 관리하는 것에 있는 데 비해, 리더는 사람의 마음을 중시하고 사람의 마음에 불을 지피는 사람이다. 또 관리자가 오늘의 구체적인 문제를 대상으로 삼는 데 비해, 리더는 미래를 향한 새로운 상황 창조자인 것이다. 또 하나 중요한 점은 관리자는 일을 '어떻게 할까(How to do?)'에 초점을 맞추는 데 반해, 리더는 '무엇을 할까(What to do?)'에 초점을 맞춘다. 바꾸어 말하면 관리자는 '올바르게 하는 것'에 주안점을 두는 대신, 리더는 '올바른 일을 하는 것'에 중점을 둔다는 것이다(표 5.1).

표 5-1 리더와 관리자의 차이

리더	관리자
• 새로운 상황 창조	• 상황에 수동적
• 혁신주도	• 유지, 책임수행
• 내일에 초점	• 오늘에 초점
• 사람의 마음에 불을 지핀다.	• 사람을 관리한다.
• 사람을 중시	• 체제나 기구를 중시
• 단기적	• 장기적
• 계산된 위험(risk)을 취한다.	• 위험(risk)을 회피한다.
• '무엇을 할까'를 생각한다.	• '어떻게 할까'를 생각한다.

읽을거리

남극의 대결, 아문센과 스콧

인류의 위대한 역사상 발견과 정복이 흔히 라이벌 간의 경쟁으로 가속 · 성취되듯, 지구 남쪽 땅 끝 역시 '노르웨이 선박회사 사장 아들' 알 아문센(Amundsen · 1872~1928)과 '대영제국 만년 해군 중위' 로버트 팰컨 스콧(Scott · 1868~1912)의 1909년에서 1912년 사이에 펼쳐진 치열한 경쟁 끝에 마침내 인간의 발아래 놓였다.

세계 역사상 여러 가지 인상적인 탐험들이 있었지만, 한 목표를 놓고 두 탐험대가 동시에 경주하듯이 경쟁한 일은 보기 드물었다. 뿐만 아니라 '대영제국'이라 불리며 전 세계를 호령하던 최강국 영국이 끼어 있었기 때문에 두 탐험가의 경쟁은 세계적인 관심을 받는 일이기도 했다

부하의 총기자살 사건을 야기할 만큼 위압적이었으나 전략을 짤 때 항상 대원과 함께했던 아문센, 군대식 위계 · 규정이 체화됐지만 부하를 세심하게 배려할 줄 알았던 스콧, 영원한 명예를 꿈꿨던 두 영웅의 리더십을 볼 수 있다.

남극 아문센 - 스콧 기지

출처: 라이너 K. 랑너, 배진아 역(2004). 남극의 대결 아문센과 스콧, 생각의 나무.

스콧은 영국의 탐험가로 1882년 해군에 입대하여 해군 대령이 되고 1901년 디스커버리(Discovery)호를 지휘, 남극 탐험에 나서서 이듬해 에드워드 7세 랜드를 발견했다. 그러나 남극에는 도달하지 못하고 남위 82°17의 내륙 고원에서 돌아왔다(1904). 이로써 남극 대륙의 자연을 해명하는 단서를 주고, 남극해의 자세한 과학적 조사는 뒤에 영국의 남극해에 관한 발언에 중대한 기초를 주었다. 1911~12년 다시 테라 노바(Terra Nova)호를 타고 남극 탐험에 나서 1912년 드디어 남극에 도달했으나(1월 18

일) 아문센보다 1개월이 늦어 그 영예를 놓쳤다. 되돌아오던 중 그는 4인의 동료와 함께 조난, 사망했다.

로버트 스콧

아문센은 노르웨이 선원의 아들로 보르게에서 태어나 소년시절부터 북극탐험을 꿈꾸었다. 1909년 미국인 R.E.피어리가 북극점에 도달하자 목표를 남극으로 바꾸어 1910년 프람호로 남극탐험을 떠났다. 로스 해의 고래만 대빙벽에 기지를 설치하고 개썰매로 남극점을 향해 출발한 지 55일 만인 1911년 12월 14일 인류사상 최초로 남극점 도달에 성공하였으며, 영국의 스콧 일행보다 35일 앞섰다.

1918~1920년 모드 호를 타고 북동항로 항행에 성공하였고, 1925년 미국의 L.엘즈워스와 함께 비행정에 의한 북극비행을 시도하였으나 실패, 1926년 다시 엘즈워스, 이탈리아의 U.노빌레와 함께 비행선 노르게 호로 스피츠베르겐으로부터 알래스카의 테러까지의 북극점 상공 통과 횡단비행에 성공하였다.

로알 아문센

아문센과 스콧의 경쟁은 전 세계에서 관심을 가졌는데 당시 최강국이던 영국의 대령 스콧과 노르웨이의 아문센은 외적뿐만 아니라 내적으로도 흥미로운 점이 많았다. 두 탐험가는 성격과 행보가 극단적으로 달랐는데 다음과 같다.

아문센		스콧
남극정복이란 목적을 위해 수단을 가리지 않는 냉철한 전략기형	성격	사고의 유연성이 부족하지만 국가를 위해 희생하는 철저한 군인형
활동적, 직선적인 형제와 함께 각종 탐험경험	성장기	병약하지만 가문의 전통에 따라 해군입대
선장자격증 취득, 썰매개 집중훈련 등 용의주도	준비과정	최신 모터썰매를 동원하는 등 물량위주
프람호(일반 범선)	이용선박	테라노바호(최신디젤 증기선)
19명(숙달된 탐험가 위주)	탐험대 구성	72명, (건장한 젊은이 위주)
때때로 바다표범, 펭귄사냥, 결과적으로 괴혈병 방지효과	식량	운반해 온 덜 신선한 소, 양고기에 의존, 괴혈병에 시달림
조직을 평등하게 구성, 운영했지만 절대적 권위로 결정권 장악	리더십	군대식 위계를 엄수했지만 부드러운 신사의 면모 지님

아문센은 목표를 달성하고 돌아와 영광을 만끽했고, 스콧은 배고픔과 추위 속에서 절망에 빠져 생을 마감했다. 스콧이 실패한 이유로는 스콧이 처음엔 최종 팀을 4명으로 선정하고 물자를 준비했는데, 마지막에 한 명을 더 추가해 물자가 부족하였고, 스콧도 개를 8마리 정도 데려왔으나, 개들이 피로와 굶주림으로 기진맥진 해지자 개를 도축해 잡아먹는 것도 아니고 개를 그냥 풀어줬다. 남극에 풀어준 개들은 어차피 얼어 죽었다고 한다. 그는 당시 최첨단기술인 설상차를 사용했는데, 남극이라서 연료가 얼어서 못쓰게 되자 인력으로 끌고 다녔다. 남극점에 도착해서는 아문센이 남겨둔 보급물자들을 자존심 때문에 안 챙겼다고 한다.

스콧이 향후 낮은 평가를 받은 이유는 결국 생존이라는 가장 중요한 전제를 무시한 채 일방적으로 탐험을 강행한 판단 착오 때문에 빛이 가려졌기 때문이다. 이 때문에 초창기에는 찬사를 받았던 스콧이 낭만 및 감성보다는 합리 및 실리주의가 자리 잡은 21세기에 들어서는 결국 무책임한 리더의 대명사라는 불명예까지 뒤집어쓰고 만 것이다.

탐험대의 대장은 대원들의 목숨에 책임이 있는 리더다. 역사적인 기록을 위해 자신의 목숨을 버리는 것은 자유일지라도 이를 위해 자신을 믿고 따르는 대원들의 목숨을 희생시킨다면 무능력한 리더를 넘어 살인자로 불려도 할 말이 없다.

03 리더십 이론의 발달과정

리더십 이론은 발전시기에 따라 1940년대의 특성론 리더십(Trait leadership), 1950~1960년대의 행동주의 리더십(Behavioral leadership), 1970년대의 상황론 리더십(Situational leadership) 등으로 발전되어 왔다(그림 5.2).

시대마다 달라진 리더십

그림 5-2 시대마다 달라진 리더십 이론

1) 전통적 리더십

① 특성론 리더십

특성론 리더십은 초기의 리더십 이론으로 리더십에 대하여 가장 오래된 개념이다. 리더들은 공통된 특성을 가지고 있을 거라는 가정하에 리더의 개인적 속성을 강조하여, 리더십의 본질을 리더의 개인적인 특성과 자질에 초점을 맞추어 밝히는 것을 중점으로 한 이론이다(Bass, 1990). 리더는 만들어지는 것이 아니라 타고나는 것이며, 리더의 개인특성은 리더십 성공의 중요한 요소이다. 사람들은 성공한 리더에게는 리더의 단호한 성격, 역동적이고 외향적인 성향, 강력한 주장과 용감한 행동, 설득력 있는 언변 등 뭔가 특별한 것이 있다고 생각했다. 이러한 처칠이나 루스벨트 등 개인의 특성 자체가 리더로서의 성공을 항상 보장하는 것은 아니라 다른 리더십이 등장하였다.

② 행동주의 리더십

행동주의 리더십은 리더의 행동을 중시하여 리더의 행동유형에 따른 조직유효성의 관련에 초점을 두고 리더의 행동과 부하의 태도나 능력에 관심을 두고 양자의 상호작용에 대해 연구하여 리더가 여러 상황에서 실제로 행하는 행위에 중심을 둔 리더십이다(Fleishman & Harris, 1962). 행동주의 리더십은 특성론 리더십과는 대조적으로 리더는 만들어지는 것이지 태어나는 것이 아니다. 일단 모범적인 리더 행동을 알게 된다면 계속 이를 훈련하고 키워 가면 훌륭한 리더가 될 수 있다는 것을 의미한다(류은영, 2008).

③ 상황적 리더십

상황적 리더십은 리더가 처한 상황을 중요시하는 리더십으로써 리더와 상황이 잘 맞아 떨어져야 성과가 높다는 것이다. 리더란 상황의 산물이며, 특정 상황에서 요구되는 특정한 리더가 존재하므로 리더가 여기에 부응하면 효과적인 리더십 발휘가 가능하다는 원리를 기본으로 하고 있다(이태식 외, 2009). 피들러는 리더의 성향을 알 수 있는 성격척도를 개발하여 리더의 성향은 과업주도형 리더와 관계 지향적 리더로 구분하였다. 리더와 팔로워의 관계, 리더의 권한, 과업구조로 호의적의 상황을 결정하며, 3가지 요인이 모두 높은 상황이 가장 리더에게 호의적인 상황이 된다. 상황이 극도로 호의적이거나 비호의적은 상황에서는 과업 지향적 리더가 효과적이며, 중간 정도의 호의적, 비호의적 상황에서는 관계지향적 리더가 더 효과적이다(Fiedler, 1967).

전통적 리더십은 팔로워들에게 요구되어지는 성과가 무엇인지, 그 결과를 통한 부하들의 욕구만족이 어떻게 이루어지는가에 대한 과정에 중점을 두고 있다(고양랑, 2008). 그러나 1980년대 이후 경제 환경 및 조직 환경, 그리고 산업구조의 급속한 변화와 국제화에 따른 무한경쟁, 그리고 지속되는 세계경기 침체 속에서 기업조직들의 안정적인 성장과 발전을 위하여 변화와 혁신 지향적인 경영자와 조직구성원들의 마인드는 필수적 기본 전제 조건이 되었으며, 이러한 변화 속에서 조직이 영구적으로 생존하기 위해서는 기존의 리더십과는 다른 새로운 리더십이 요구되어야 한다는 사실을 인정하게 되었다. 이에 따라 최근에는 전통적 리더십 이론의 연구영역을 넘어서는 새로운 리더십, 변혁적 리더십(transformational leadership), 거래적 리더십(transactional leadership), 서번트 리더십(servant leadership) 등이 새로운 연구영역으로 발전되고 있다.

2) 변혁적 리더십

변혁적 리더십은 1980년대 초부터 리더십 연구의 중심이 되고 있다. 거래적 리더십은 팔로워의 행동을 변화시키기 위해 보상과 처벌에 초점을 두고 있으며, 변혁적 리더십은 거래적 리더십에서 기반을 두고 있는 것으로 팔로워의 요구를 충족시키며 성과를 유도하는 교환관계 수준을 넘어서 팔로워의 내재적 동기를 높이고, 나아가 도덕적 동기를 지향하게 함으로써 조직을 이어가는 리더십이다. 변혁적 리더십은 구성원의 가치관, 윤리, 정서, 행동규범 등을 전환하도록 자극하여 개인을 변혁시키고, 이를 통해 기대 이상의 높은 성과를 이루도록 하는 과정이다. 변혁적 리더십은 '왜 사는가?', '무엇을 위해 사는가?', '어떻게 살 것인가?' 등과 같은 본질적인 질문과 자극을 통해 구성원의 영감을 불러일으키고, 사명과 비전을 고민하게 하여 삶을 재구성함으로써 이전과는 다른 모습으로 살아가게 하는 리더십을 말한다.

3) 서번트 리더십

서번트 리더십은 리더는 윤리, 팔로워와의 관계를 강조한다. 리더들은 팔로워를 존중하고, 팔로워의 이익을 자신의 이익보다 우선으로 여기며,

조직을 위해서가 아니라 진정으로 팔로워를 돕기 위해 팔로워를 개발하기 위해 노력한다. 서번트 리더는 부하들에 권한을 위임하고 팔로워들이 성장하고 성공할 수 있도록 도와준다. 리더는 조직과 팔로워들에게만 관심을 기울이는 것이 아니라 그들이 살아가는 공동체에 관심을 기울인다. 서번트 리더를 구분해 내기 위한 기준으로 질문하고 이해하기 위해 노력하는 사람, 격려하고 보살피고 편안한 분위기를 만들기 위해 노력하는 사람, 직원을 존중하는 사람, 도덕성을 갖추고 신뢰할 수 있는 사람, 권한을 위임하고 학습을 장려하는 사람, 관계와 공동체를 형성하는 사람, 직원의 가능성을 신뢰하는 사람이라는 7가지 특성을 제시하였다. 센지(Senge, 1995)는 서번트 리더십을 모든 사람은 존엄성과 가치에 대한 믿음, 리더의 권력은 부하들로부터 기인한다는 민주적인 원칙에 입각한 리더십이라고 하였다.

04 리더십의 유형과 효과적인 발휘

일반적으로 리더십 유형은 크게 독재자 유형, 민주주의에 근접한 유형, 파트너십 유형, 변혁적 리더십 유형 등 크게 4가지로 구분할 수 있다. 이에 대해서 좀 더 자세히 알아보도록 하자.

1) 독재자 유형

독재자 유형은 정책의사결정과 대부분의 핵심정보를 그들 스스로에게만 국한하여 소유하려는 경향이 있다. 전형적인 독재자 유형의 특징은 아래와 같다.

■ 질문은 금지

독재자는 집단의 규칙하에 지배자로 군림하고, 동료에게는 그의 권위에 대한 도전이나 반항 없이 순응하도록 요구하며, 개개인들에게는 주어진 업무만을 묵묵히 수행할 것을 기대한다.

■ 모든 정보는 내 것이다

독재자는 '지식(정보)이 권력의 힘'이라고 믿는다. 이러한 까닭으로 대부분의 구성원들과 조직에 대한 핵심정보를 혼자 독점하고 유지하려고 애쓰며, 다른 구성원들에게는 기본적 수준의 정보만을 제공한다.

■ 실수를 용납하지 않음

독재자 유형은 언제 어디서나 가장 최고의 질적 수준을 요구한다. 실수는 결코 용납되지 않으며, 한 번의 실수는 곧 해고로 이어지거나 다른 형태의 징계로 이어진다.

독재자 유형은 특히 집단이 통제가 없이 방만한 상태에 있을 때 혹은 가시적인 성과물이 보이지 않을 때 사용한다면 효과적일 수 있다. 이러한 경우 독재자 유형의 리더는 팀원에게 업무를 공정히 나누어주고, 그들 스스로가 결과에 대한 책임을 져야 한다는 것을 일깨울 수 있다.

2) 민주주의에 근접한 유형

민주주의에 근접한 유형의 리더십은 독재자 유형의 리더십보다 관대한 편이다. 리더는 그룹에 정보를 잘 전달하려고 노력하고, 전체 그룹의 구성원 모두를 목표 방향 설정에 참여하게 함으로써 구성원들에게 확신을 심어

주려고 노력한다.

예를 들어, 팀장은 회의 때 회의 자료를 준비하여 부하직원들에게 나누어 주고 그들의 의견을 구하여 경우에 따라 새로운 제안을 받기도 한다. 팀장은 부하직원들의 의견을 수렴하여 팀원들의 참여 속에서 의사결정을 한다.

민주주의에 근접한 유형의 특징은 아래와 같다.

- **참여**

리더는 팀원들이 한 사람도 소외됨이 없이 동등하다는 것을 확신시킴으로써 비즈니스의 모든 방면에 종사하도록 한다.

- **토론의 장려**

리더는 경쟁과 토론의 가치를 인식하여야 하며, 팀이 나아갈 새로운 방향의 설정에 팀원들을 참여시켜야 한다.

- **거부권**

'민주주의에 근접한'이라는 말에서 알 수 있듯이, 이 유형의 리더들이 비록 민주주의적이긴 하지만 최종 결정권은 리더에게만 있다.

민주주의에 근접한 방식은 당신이 혁신적이고 탁월한 부하직원들을 거느리고 있고, 또 그러한 방향을 계속적으로 지향할 때 가장 효과적이다. 기발하고 엄청난 아이디어를 가졌다고 할지라도, 양적인 것이 항상 질적인 것까지 수반하는 것은 아니다. 리더에게는 옳고 그름을 결정할 책임이 있다.

3) 파트너십 유형

파트너십은 위에서 논의한 리더십 형태와 다른 형태의 리더십이다. 독재자 유형과 민주주의에 근접한 유형은 리더와 집단 구성원 사이에 명확한 구분이 있다. 하지만 파트너십에서는 그러한 구분이 희미하고, 리더가 조직에서 한 구성원이 되기도 한다.

파트너십 유형의 특징은 아래와 같다.

■ **평등**
리더는 조직구성원들 중 한 명일 뿐이다. 리더는 다른 조직 구성원들보다 경험이 더 풍부하겠지만 다른 구성원들보다 더 비중 있게 대우받아서는 안 된다.

■ **집단의 비전**
집단의 모든 구성원들은 의사결정 및 팀의 방향을 설정하는 데 참여한다.

■ **책임 공유**
집단의 모든 구성원들은 집단의 행동에 따른 결과 및 성과에 대해 책임을 공유한다.

파트너십 유형은 소규모 조직이나 성숙한 조직에서 풍부한 경험과 재능을 소유한 개개인들에게 적합하다. 신뢰와 정직, 구성원들의 능력에 대한 믿음이 파트너십 유형의 핵심요소이다.

4) 변혁적 유형

변혁적 리더는 개개인과 팀이 유지해온 이제까지의 업무수행 상태를 뛰어넘고자 한다. 변혁적 리더는 전체 조직이나 팀원들에게 변화를 가져오는 원동력이다.

변혁적 유형의 특징은 아래와 같다.

■ **카리스마**
변혁적 리더는 조직에 명확한 비전을 제시하고, 집단 구성원들에게 그 비전을 쉽게 전달할 수 있다.

■ **자기 확신**
변혁적 리더는 뛰어난 사업수완 그리고 어떠한 의사결정이 조직에 긍정적으로 영향을 미치는지 예견할 수 있는 능력을 지니고 있다.

■ **존경심과 충성심**
변혁적 리더는 개개인에게 시간을 할애하여 그들 스스로가 중요한 존재임을 깨닫게 하고, 존경심과 충성심을 불어넣는다.

■ **풍부한 칭찬**

변혁적 리더는 구성원이나 팀이 직무를 완벽히 수행했을 때 칭찬을 아끼지 않는다. 사람들로 하여금 한 가지 일에 대한 성공이 미래의 여러 도전을 극복할 수 있는 자극제가 될 수 있다는 것을 깨닫게 한다.

■ **감화**

변혁적 리더는 사범이 되어 구성원들이 도저히 해낼 수 없다고 생각하는 일들을 구성원들로 하여금 할 수 있도록 자극을 주고 도움을 주는 일을 수행한다.

자신감을 자극하고 격려하여 주어진 업무와 목표를 성공적으로 달성하도록 확신을 주는 행위이다. 이러한 과정을 통해 문제인지 및 해결 방법에 변화를 가져오게 하며 더 나아가 구성원들의 가치와 신념의 변화까지 낼 수 있다. 둘째, '카리스마'는 구성원이 할당된 업무에 열중하도록 만드는 능력, 조직에 대한 충성심을 불어넣는 능력, 모든 구성원으로부터 존경받는 특성, 조직에 중요한 것을 파악할 수 있는 능력, 조직에 대한 사명감 등을 포함한다. 카리스마적 리더는 구성원들에게 높은 신뢰감을 표시하며 자신감, 관리적 기술, 상황판단능력 등의 특성을 갖추고 있다. 셋째, '개별화된 고려'는 구성원 개개인을 하나의 인격체로 간주하여 각자의 감정, 욕구 등을 존중하며 동기를 부여하는 것이다. 마지막으로 '영감적 동기부여'는 구성원들에 대한 기대감을 높게 유지하고, 업무의 동기에 대한 믿음을 확고히 하거나 구성원들의 자신감을 높이는 행동을 말한다.

읽을거리 설국열차의 리더십

영화는 '기상이변'으로 새로운 '빙하기'가 지구를 덮치며 시작된다. 인류에게 찾아온 재앙에서 살아남을 방법으로, 멈추지 않고 달리는 기차를 만들어 기차는 완성되고 달리기 시작한다. 그런데, 기차의 꼬리 칸에는 춥고 배고픈 사람들이 살고 있으며, 앞쪽 칸으로 이동할수록 뒤쪽 칸보다 나은 혜택을 누리는 사람들이 살아간다. 빙하기는 모든 이들에게 평등했지만, 기차 안에서 살아가는 '현실'은 결코 평등하지 않고, 이곳은, '질서'를 위하여, 열차를 관리하는 사람들로부터 '통제'를 받는다. 꼬리 칸 사람들은 앞칸의 사람들과의 '균형'과 '공생'이라는 명분으로 희생과 불공정한 '독재' 폭력에 시달리는데… 기차가 달린 지 17년, 어느 날 꼬리 칸의 젊은 지도자 '커티스'는 폭동을 일으키고, 이 폭동은 꼬리 칸을 해방하고 맨 앞칸의, 절대 권력자 '윌포드'를 제거하여, 열차 전체를 해방하고자 합니다.

'절대자' 윌포드는 최적화와 합리성 중심의 경영을 상징한다. 설국열차는 전 세계가 빙하기로 접어들며 등장한 '구원의 수단'이다. 최고경영자(CEO)이자 절대자인 윌포드는 최적화된 성과관리와 내부 프로세스만이 살길이라고 믿는다. '초합리성'을 지향하는 경제학적 세계관과 놀랄 만큼 닮았다. 현 지배체제를 유지하고 안주하려는 기득권 세력으로서 미래로 나아갈 아이들을 현재를 위한 소모품으로 사용하는 잔인한 모습도 있으며, 균형을 명분으로 비인간적인 폭력과 비극을 초래하는 독재를 정당화한다. 공포로서 자신의 세계를 안정화시키려 하고 균형을 위해 혁명을 유도하여 사람들을 살상하며 인구수를 유지하려고 한다. 윌포드식 경영 시스템은 기존의 대처 방식 외의 색다른 문제해결 방법을 시도하지 않아 변화와 혁신과 같은 '합리적 규칙에 어긋나는' 일은 일어나기 쉽지 않다는 한계가 있다.

꼬리 칸의 민중을 조직해 혁명을 성공시켰던 커티스는 정반대다. 기존 관행이나 규칙에 얽매이지 않고 과감하게 판을 깨고 성공 경로를 창조한다는 점에서 '균형에 대한 불균형'을 추구하는 존재로 비유되기도 한다. 그는 모든 열차 속 승객들과 인간적으로 소통하길 원하면서, 그들의 불만을 들으면서 조직에 부족한 다양한 요소를 읽어내는 리더다. 전문성은 부족할 수 있지만, 군중의 감성적 지지와 관심이라는 요소를 자원으로 조달할 줄 아는 변혁적 리더인 셈이다. 경제적 보상체계를 마련하는 방법보다는 개별 구성원들의 이타적 동기를 자극해 변화를 일으키는 데 능하다. 아이를 되찾으려는 흑인 과부, 어릴 적 설국열차에 탑승해 사회의 기억이 없는 청년, 힘은 없지만 정신적 지주 격인 길리엄과 같은 조력자들과의 연대는 커티스식 혁신 리더십의 핵심이다. 커티스의 리더십은 기업이나 정부가 복잡한 문제해결을 위해 대중의 지혜를 빌리고 적극적으로 외부에서 자원을 조달하는 개방형 혁신의 원리를 실천하는 과정과 닮아있다. 조직에 혁신 유전자를 남겨놓고 싶다면, 모든 구성원이 동일한 사고를 하거나 의사결정의 중추가 변화하지 않는 '구조적 관성(Structural Inertia)'에서 벗어나고 싶다면 커티스와 같은 변혁가를 남겨놓는 것이 필요하다.

꼬리 칸의 정신적 지주이자 지도자인 길리엄은. 꼬리 칸 하층민들의 아비규환을 진정시키고 그들을 뭉치게 한 리더로서 인정받은 이유는 나이도 지식도 지혜도 아닌 희생정신이였다. 수많은 사람들이 배고픔에 시달리며 정신적 공황상태를 보이고 무질서가 판칠 때 그의 희생으로 모든 사람이 따르게 하였다. 하지만, 길리엄은 커티스에게 지속적으로 만류하거나 이 정도면 충분하다는 식의 발언을 자주 한다. 윌포드가 만든 각자의 위치에 적당히 순응하자고 하는 현실과 타협한 리더이다. 길리엄이 윌포드와 협력하고 있었는데도 윌포드의 부하들에게 죽은 이유는 원래는 전투 후 멈췄어야 할 폭동이 의도와는 다르게 계속 앞까지 번지게 되자 윌포드가 그 책임을 물어 죽였기 때문이다.

커티스와 동료들이 엔진까지 다다르는 길잡이 역할을 했던 남궁민수는 언뜻 보면 남궁민수는 인화물질인 크로놀에 의존해 사는 무기력한 기술자로 보이지만 이방인 시각에서 열차 속 현실을 객관화해서 볼 수 있는 거의 유일한 인물이다. 열차의 보안 체계를 직접 디자인했기 때문에, 조직 내부와 환경 간의 관계를 체계적으로 보는 것이 가능한 인물이기도 하다. 윌포드와 같은 오너가 어떻게 전략적으로 환경을 읽는지를 알고, 그것이 조직 내부에 어떻게 투영되는지를 꿰뚫고 있다. 또 '꼬리 칸'에서 축적된 불만이 표출되어야만 하는 명분도 잘 안다. 경영학자 칼 와익의 관점에 따르면 남궁민수는 조직 내부에 존재하는 다양한 이슈의 연관 관계를 종합적으로 진단할 수 있는 인물이다. 그의 관점에선 윌포드식 현상유지형 경영도, 커티스식 사회운동형 혁신도 결국 저마다 한계를 지닌 양극단에 불과하다. 어디까지나 열차 속에 승객들이 머무른다는 가정을 밑바탕에 깐 처방이기 때문이다.

하지만 그는 18년째 열차 밖 환경의 변화를 분석했고, 이를 통해 설국의 눈이 녹고 있다는 발견을 함으로써 '열차 속에만 머물러야 한다.'는 가정을 깨버린다. 그가 내린 최종 처방은 열차 자체를 부수는 것이다. 결국 남궁민수는 크로놀 폭탄으로 열차를 폭발시키는데, 이 같은 틀을 깬 솔루션은 내부 성과관리에만 초점을 맞추는 경영자에

게 주는 시사점이 크다. 그들 입장에선 아예 생각조차 해보지 않은 방안이기 때문. 자신의 조직을 환경과

상호작용하는 존재로 보는 '간조직적 관점(Inter-organizational perspective)'을 갖추고 산업, 국가, 세계와 같은 시장 공간 전체의 변화에 주목하는 필드 혁신의 프레임을 갖고 있어야만 가능한 의사결정이다.

리더는 조직이 직면한 환경과 문제의 속성에 따라 다른 안경을 바꿔 쓰는 자세가 필요하다고 말했다. 같은 공간에 있지만 각자 다른 방식으로 상황을 조망하는 설국열차 속 인물들의 모습에서 이 명제를 대입해볼 수 있겠다.

불연속성, 그리고 탈 경계성이 강조되는 환경 속에서 경영자는 남궁민수의 필드 혁신, 커티스의 기업가형 혁신의 관점을 교대로 활용할 수 있어야 한다. 때때로 세부 프로세스의 관리를 위해서는 윌포드형 성과관리 모델도 실마리가 될 수 있을 것이다. 경영자는 단순한 개인이 아니라 환경에 따라 다차원적 렌즈를 낄 수 있는 종합적 의사결정자여야만 하기 때문이다.

출처: 천영준. 설국열차 등장인물들로 본 경영 리더십. 매일경제 2013.08.30.
https://www.mk.co.kr/news/business/view/2013/08/784682/

학습정리

1. 리더십이란 조직의 공통된 목적을 달성하기 위하여 개인이 조직원들에게 영향을 미치는 과정이다.

2. 리더와 관리자의 최대의 차이점은 비전의 유무에서 나타난다. 그리고 관리자의 역할이 자원을 관리·분배하고, 당면한 문제를 해결하는 것이라면 리더의 역할은 비전을 선명하게 구축하고, 그 비전이 팀원의 협력 아래 실현되도록 환경을 만들어 주는 것이다.

3. 변혁적 리더십은 구성원의 가치관, 윤리, 정서, 행동규범 등을 전환하도록 자극하여 개인을 변혁시키고, 이를 통해 기대 이상의 높은 성과를 이루도록 하는 과정이다. 변혁적 리더십은 이상적 영향력, 영감적 동기부여, 지적 자극, 그리고 개별적 배려의 네 가지 요인을 강조한다.

4. 일반적으로 리더십 유형은 독재자 유형, 민주주의에 근접한 유형, 동반 관계 유형, 변혁적 리더십 유형 등 크게 4가지로 구분할 수 있다.

06
CHAPTER

코칭과 임파워먼트 능력

학습목표

1. 코칭의 정의를 설명할 수 있다.
2. 코칭의 프로세스와 방법을 설명할 수 있다.
3. 임파워먼트 개념과 효과에 대해 설명할 수 있다.
4. 임파워먼트 전략과 장애요인에 대해 설명할 수 있다.

01 코칭의 정의

헝가리에서 말이 끄는 마차라는 뜻의 코치(kocsi)에서 유래되었다(그림 6.1). 집단 교육(training)의 어원인 기차(train)와 대비하여 현대의 택시 기능인 마차에서 유래된 코칭의 어원은 개인 서비스와 같이 고객이 현재 있는 지점에서 출발하여 원하는 목적지까지 데려다준다는 점에서 코칭의 특성을 잘 설명해준다(이희경, 2005). 코치는 스포츠에서 운동선수를 이끄는 사람으로서 선수들이 자신의 실력을 제대로 발휘 할 수 있도록 끌어주는 역할을 하였는데, 그때부터 코칭이라는 개념이 시작되었다고 볼 수 있다(Wenzel, 2000).

그림 6-1 코치의 어원이 된 헝가리 마차 kocsi

출처: https://dailynewshungary.com/a-hungarian-word-used-worldwide-kocsi/

코칭(Coaching)이란 트레이너가 코칭의 기술을 활용해 다른 사람이 학습을 통해 성장할 수 있도록 돕는 활동이다. 이런 행사의 주체인 트레이너를 우리는 그에게 코치라고 부른다. 코칭은 1970년대 초 미국에서 시작되어, 일상생활과 대화, 운동, 심리학 및 교육학 등에서 발전한 일종의 새롭고 효율적인 관리기술로 피코칭자들이 자신을 통찰하고 개인의 잠재력을 발휘하며 팀워크를 효과적으로 발휘해 기업의 생산성을 향상시킨다(Frank, 1994).

코칭 활동은 팀원들의 능력을 신뢰하며 확신하고 있다는 사실에서 시작하여 팀원 스스로 문제해결을 위한 답을 찾고, 변화를 추구하도록 돕는 과정 조직의 지속적인 성장과 성공을 만들어내는 리더의 능력이라고 말할 수 있다. 또한 팀원들에게 질문을 던져 스스로 문제해결을 위한 답을 찾고 변화를 도울 수 있도록 한다. 팀원들의 의견을 적극적으로 경청하고, 피드백함으로써 구성원 스스로 해결책을 찾아가도록 필요한 지원을 아끼지 않아 생산성을 높이고 기술 수준을 발전시키며, 자기 향상을 도모하는 팀원들에게 도움을 주고 업무에 대한 만족감을 높이는 과정이라고 말할 수 있다.

코칭을 이해하기 위해서는 유사개념인 멘토링, 카운슬링, 컨설팅의 의미와 비교해서 살펴볼 필요가 있다. 멘토링은 멘토링을 받는 멘티(mentee)에게 경험과 지식이 풍부한 멘토(mento)가 지도 및 조언을 하면서, 멘티의 잠재력과 실력을 개발하도록 하는 것이다(Hudson, 1999). 신입이나 경력사원, 전입하는 직원들을 대상으로 현업 업무에 기술과 경험, 정보가 많은 멘토가 멘티와의 수직적이면서 일방적인 관계를 기반으로 자신의 노하우를 전달하여 역할 롤모델이 되기도 한다. 이로 인해 멘토와 멘티는 스승과 제자와 같은 수직적이며 일방적 관계라고 볼 수 있다(유동수 외, 2008). 반면 코칭은 피코치자가 특별한 능력과 개성을 발휘할 수 있도록 코치가 개발시켜 줌으로써 수평적이면서 쌍방향적인 관계를 가진다는 점에서 멘토링과 차이가 있다.

카운슬링은 내담자의 심리 상태를 분석 평가하여 상담하면서 내담자의 과거 상처를 치유하는 것이다. 고객이 특정 문제를 해결하기 위해 그들의 과거 경험했던 것에 초점을 두고 문제를 해결하는 능력을 가질 수 있도록 도와주는 데 비해 코칭은 건강한 정신을 가진 피코치자의 성장과 변화를 지원하는 미래지향적이라는 점에서 차이가 있다(Law et al, 2007).

컨설팅은 특정 대상에 대해 제기된 문제 상황을 전문지식을 가진 전문가가 현상을 분석하고 문제를 진단하여 해결방안을 구체적으로 제시하는 것으로 상하관계의 상호작용을 한다. 반면 코칭은 질문을 통해 어떤 어려운 상황에서도 올바른 결정을 스스로 할 수 있도록 능력을 키워주는 것으로 수평적 상호관계를 가진다는 점에서 차이가 있다. 다만, 컨설팅 방식의 지원이 피코치에게 필요한 경우가 생기기도 하는데, 이에 코치는 피코치자와 공동으로 문제해결하기 위한 노력을 할 수도 있다(유동수, 2008).

코칭은 다른 개념에 비해 피코치자가 스스로 해결안을 도출하고 성장과 발전을 이룰 수 있도록 동기부여 하는 데 초점을 두고 비교적 단기간 내에 당면과제를 해결하는 것이라는 것을 알 수 있다(표 6.1).

표 6-1 코칭 유사개념 비교

구분	멘토링	카운슬링	컨설팅	코칭
목적	멘토의 지식과 경험 전달	내담자의 내면의 상처 치유	문제 상황에 대한 구체적 해결방안 제안	스스로 동기부여 및 문제해결력 강화
실행자	멘토	카운슬러	컨설턴트	코치
전문가 역할	롤모델	치료자	해결자	촉진자
대상	멘티	내담자	클라이언트	피코치
대상을 보는 관점	경험과 지식의 전수 대상	내면 치유의 대상	문제해결의 대상	성장과 발전의 주체자
상호관계	수직적	수평적	수직적	수평적
개입 정도	높음	낮음	높음	낮음
지향점	미래지향	과거지향	미래지향	미래지향
기간	장기간	중/장기간	단기간	단기간

02 코칭의 프로세스와 방법

1) 코칭의 진행과정

코칭을 통해서 목표로 하는 결과를 얻기 위한 과정으로 어떤 활동을 다룰 것이며 시간은 어느 정도 소요될 것인지에 대해서 팀원들에게 구체적이고 명확히 밝힌다. 지나치게 많은 지시와 정보로 팀원들을 압도하는 일이 없도록 하고, 질문과 피드백에 충분한 시간을 할애한다. 목표달성을 좀 더 빠르고 정확하며 체계적으로 이루어 갈 수 이도록 단계로 구성하여 목표를 설정하고 현실에 대한 정의를 통해 대안과 실천계획을 구성하도록 한다(표 6.2).

표 6-2 코칭의 진행과정

1. 시간을 명확히 알린다.
2. 목표를 확실히 밝힌다.
3. 핵심적인 질문으로 효과를 높인다.
4. 적극적으로 경청한다.
5. 반응을 이해하고 인정한다.
6. 직원 스스로 해결책을 찾도록 유도한다.
7. 코칭과정을 반복한다.
8. 인정할 만한 일은 확실히 인정한다.
9. 결과에 대한 후속 작업에 집중한다.

2) 코칭 GROW 모델

코칭 상황에서 질문을 통해 상대방의 상황과 생각, 느낌, 의견을 가능한 한 많이 청취하고 확인할수록 두 사람 모두에게 도움이 되는 소통이 이루어진다. 질문의 절차와 관련해 가장 많이 사용되는 모델은 GROW 코칭 대화 모델이다. GROW 모델은 문제 정의와 원인파악, 해결방안 모색 그리고 실행까지 일반적인 문제해결 과정을 따르고 있어 적용과정이 단순하여 행동 변화를 통한 목표달성을 이루는데 유용한 도구라 하였다(Passmore, 2007). GROW에서 G는 Goal로서 목표 설정을, R은 Reality로서 현재 상황의 사실 파악을, O는 Option으로서 원인과 해결방안의 탐색을, W는 Will로서 요약과 확인을 하여 실천 의지를 확인하는 단계별 활동을 의미한다(그림 6.2).

그림 6-2 GROW 모델

(1) 목표설정(Goal) 단계 : 코칭 주제 정하기

① 코치는 팀원의 가능성을 믿고 코칭 환경을 조성하는 것으로 시작 후 주제를 정한다.
- 오늘은 어떤 이야기를 해볼까요?
- 이루고자 하거나 혹은 문제는 무엇인가요?

② 코칭 주제는 코치가 정하는 것이 아니라 팀원이 스스로 정하게 한다.
- 이 코칭을 통해 무엇을 해결하거나 이루고 싶은가요?

③ 팀원 스스로 문제를 찾을 수 있고, 스스로 해결할 수 있다는 믿음에 기초한다.
- 지금의 삶에서 어떤 것이 더 좋아지면 좋겠습니까?
- 그것이 어떻게 해결되기를 원합니까?

④ 질문을 통해 미리 원하는 상태를 가정해 본다.
- 그것이 해결된 상태는 어떤 모습입니까?
- 그것이 해결되면 어떤 점이 좋은가요?

⑤ 목표를 넘어 최종 목표를 확인해 본다.
- 그것은 당신이 진짜로 원하는 것인가요?
- 장기적으로 무엇을 성취하려고 하나요?
- 목적을 달성하면 얼마나 삶을 통제할 수 있고 영향력을 가지고 있나요?
- 언제까지 그것을 얻으려 하나요?

(2) 현상확인(Reality) 단계: 차이를 확인하기

① 팀원이 어떤 상황에 있는지 다각도로 살펴본다.
- 지금 현재 상태는 어떤가요?
- 현재 상황을 생각하면 어떤 기분이 드나요?

② 코치가 팀원을 다그치는 듯 한 느낌이 들지 않도록 주의하며 팀원이 현재 처해있는 상황을 알 수 있게 한다.

- 성취를 가로막는 장애물이나 애로사항이 있다면 무엇일까요?
- 그것을 해결하기 위해 지금까지 어떤 노력을 해보았나요?
- 현재의 문제가 실제로 문제임을 무엇을 보고 알 수 있습니까?

③ 질문은 가치중립적으로 객관화할 수 있게 한다.

- 당신의 현재 삶에 점수를 매겨본다면 1~10중 몇 점인가요?

④ 팀원 스스로 가진 자원과 한계가 무엇인지를 입체적이고 다각도로 생각해보게 한다.

- 당신은 현재 상황에 대해 어떤 결정을 얼마나 하고 있나요?
- 당신을 제외하고 이 문제의 영향을 받는 사람은 누구인가요?
- 당신이 이 문제에 대해 대책을 세우려 한다는 것을 누가 알고 있나요?
- 당신은 그 결과에 대해 어느 정도의 책임을 갖고 있나요?
- 지금까지 어떤 것이 효과가 있었나요?
- 당장 극복해야 할 가장 시급한 장애물은 무엇인가요?

(3) 대안파악(Option)/장애요인 파악(Obstacle) 단계 : 브레인스토밍하기

① 어떤 이야기를 하더라도 기꺼이 환영하는 자세로 경청하며 팀원이 다양하게 생각할 수 있는 질문을 한다.

- 이 문제를 해결할 수 있는 방법으로는 어떠한 것들이 있을까요?
- 해결책 리스트를 생각나는 대로 말해보세요.
- 그 외에 또 어떤 것을 해볼 수 있나요?
- 이 상황에서 다른 사람들은 어떻게 한다고 생각하십니까?
- 어떤 대안이 최상의 결과를 가져다줄 것 같나요?
- 어떤 대안이 당신에게 가장 설득력이 있고, 적합하다고 생각하나요?
- 어떤 대안이 가장 큰 만족을 가져다줄 것 같나요?

- 앞으로 어떤 장애요소를 극복해야 할까요?

② 팀원이 다양한 각도에서 생각할 수 있도록 도와준다.

- 실패하지 않는다면 무엇을 해보고 싶으신가요?
- 시간과 예산이 더 많다면, 혹은 당신이 사장이라면 무엇을 할 것인가요?
- 처음부터 새로운 팀과 다시 시작한다면 어떻게 할 것인가요?

(4) 마무리(Wrap-Up)/실행의지(Will) 확인 : 스스로 말하게 하기

① 코치가 생각하는 방향으로 끌고 가서는 안 되며 팀원이 스스로 실천하고 싶은 것을 선택하게 한다. 스스로 선택하면 책임감을 느끼고 실행력이 높아진다.

- 지금까지 이야기한 것 중 어떤 것이 중요하다고 생각하나요?
- 어떤 것이 가장 현실적인가요?
- 무엇을 실천해 보고 싶은가요?
- 예상되는 장애는 무엇이고, 어떻게 해결할 것인가요?

② 스스로 마무리 짓게 한다.

- 오늘 대화에서 무엇을 느꼈나요?
- 더 하고 싶은 이야기는 없나요?

③ 대안 파악 단계에서 브레인스토밍한 것들 중에서 무엇을 실천할지 구체적으로 정한다.

- 무엇을 하기로 했나요?
- 어떤 지원이 필요한가요?

03 임파워먼트 개념과 효과

1) 임파워먼트 개념

임파워먼트(empowerment)란 조직 내 개인의 구성원이 파워가 없거나 부족해서 고생하는 사람들을 찾아내 그들에게 권한을 부여함으로써 도움을 주거나 혹은 파워 증진을 위해 조직을 움직이는 것이다(정혜선, 2019). 리더십의 핵심 개념 중 하나로 직원들에게 일정 권한을 위임함으로써 훨씬 수월하게 성공의 목표를 이룰 수 있을뿐더러 존경받는 리더로 거듭날 수 있다.

임파워먼트는 리더들이 지니고 있는 권한과 책임을 팔로워에게 위임해주고, 주어진 권한과 책임을 이용하여 목표를 달성할 수 있도록 코치하고 배려하는 등 팔로워의 능력을 키워주는 활동을 말한다. 임파워먼트는 능력과 의지를 키우는 일, 공식적 권한을 위임해주는 일, 그리고 실제 의사결정 과정에 깊이 참여토록 함으로써 자신의 영향력을 체험해야 하는 일들이 전제되어야 한다.

2) 임파워먼트 효과

① 업무적 효과

리더들은 팔로워에게 임파워먼트를 통해 보다 더 중요한 일에 매진할 수 있는 시간적 여유를 가질 수 있다. 이러한 시간적 여유를 통해 부서와 회사의 미래에 대해 고민할 수 있는 기회를 만들어 준다.

지시, 점검, 감독, 연락, 조정 등에 필요한 노력과 비용이 줄어들 수 있다.

업무에 대해 가장 잘 알고 있는 실무자들이 현장에서 빠르고 적절하게 대응을 하게 되므로 시간과 노력을 절감할 수 있다.

임파워먼트는 팔로워들의 발전을 돕고, 일에 대한 열정을 불러일으킨다. 리더는 임파워먼트를 통해 적극적인 코칭과 함께 팔로워에게 도전적인 업무기회를 부여하게 되므로 팔로워들의 실력을 향상시킬 수 있다.

② 사회 심리적 효과

임파워먼트는 구성원들에게 다음과 같은 심리적 만족감을 줌으로써 구성원의 보유능력을 최대한 발휘하게 하고 그들의 직무 몰입을 극대화할 수 있게 한다.

- 나는 매우 중요한 일을 하고 있으며, 이 일은 다른 사람이 하는 일보다 훨씬 중요한 일이다.
- 일의 과정과 결과에 나의 영향력이 크게 작용했다.
- 나는 정말로 도전하고 있고 계속 성장하고 있다.
- 우리 조직에서는 아이디어가 존중되고 있다.
- 내가 하는 일은 항상 재미가 있다.
- 우리 조직의 구성원들은 모두 대단한 사람들이며, 다 같이 협력해서 승리하고 있다.

04 임파워먼트 전략과 장애요인

1) 임파워먼트 전략

임파워먼트는 의미성(meaning), 역량감(competence), 자기결정력(self-determination), 영향력(impact)의 네 개의 차원으로 구성되어 있다. 임파워먼트 전략은 임파워먼트의 개념을 보다 체계화할 수 있다는 것과 실무 차원에서 적용이 가능하다는 것에서 매우 의미 있는 과정이라 할 수 있다(최철

수, 2001).

① 의미성

의미성은 "자신의 역할과 과업수행이 얼마나 의미 있는가?"에 해당하는 개인이 가지는 가치와 신념에 대하여 자신이 포함된 조직의 직무에 대한 목표가 일치하는 정도를 의미한다. 맡은 일이 가치 있다고 여길 때 일과 조직에 대한 몰입은 더 커지기 마련이다. 구성원들이 가치 있다고 생각하는 일은 무엇인지, 그리고 그러한 일을 부여하기 위해 조직은 어떤 노력을 해야 하는지에 대한 인식이 중요하다. 가치 있는 일의 예를 들면 다음과 같다.

- 도전적이고 흥미 있는 일
- 적절한 책임과 권한이 부여된 일
- 개인의 니즈에 맞는 일

② 역량감

역량감은 과업을 수행하는 개인의 능력에 대한믿음을 말하는 것이며, 자신의 일을 효과적으로 수행하는 데 소요되는 능력에 대한 개인적 믿음이다. 조직구성원들에게 자신감을 갖게 하기 위한 예를 들면 다음과 같다.

- 프로젝트에서 기획, 프레젠테이션, 실행까지 전 과정을 실시하도록 권한을 부여한다.
- 부하직원이 기획내용을 임원에게 직접 보고하도록 기회를 제공한다.
- 연간 업무목표와 월간 목표를 작성토록 하고 월 단위로 피드백을 제공한다.

③ 자기결정력

자기결정력은 자기 자신의 결정에 따라 행동할 수 있는 정도를 의미한다. 업무 행동 및 과정에 대한 자율성을 반영함으로써 작업방법, 속도, 노력 등에 대하여 구성원 스스로 의사결정을 내리는 것이다. 외부의 영향보다는 자신 내부에 의한 자기결정력은 얼마나 자신을 가지고 자신의 업무를 독립적으로 수행하느냐와 밀접한 관계를 지니고 있다.

④ 영향력

영향력이란 개인이 조직목표 달성에 기여할 수 있는 정도를 뜻한다. 개인이 조직의 전략적, 관리적, 업무적, 의사결정에 영향력을 끼칠 수 있다는 신념을 가짐으로써 개인의 실무적인 결정들이 업무 및 팀에 어느 정도 영향을 미치는가에 관한 것이다. 조직구성원들에게 영향력을 발휘하게 하기 위한 예를 들면 다음과 같다.

- 업무계획 대비 실적을 분석하여 공유토록 한다.
- 일과 관련된 정보(상황, 목표, 일의 중요성, 일정 등)를 공유한다.
- 팀원의 제안을 적극적으로 경영에 반영한다.

2) 임파워먼트의 장애요인

리더는 임파워먼트에 장애가 되는 요인들에 대하여 알고 대처할 수 있어야 한다(표 6.3).

표 6-3 임파워먼트 장애요인

구분	장애요인
개인 차원	주어진 일을 해내는 역량의 결여, 동기의 결여, 결의의 부족, 책임감 부족, 의존성
대인 차원	다른 사람과의 성실성 결여, 약속 불이행, 성과를 제한하는 조직의 규범, 갈등처리 능력 부족, 승패의 태도
관리 차원	통제적 리더십 스타일, 효과적 리더십 발휘 능력 결여, 경험 부족, 정책 및 기획의 실행 능력 결여, 비전의 효과적 전달능력 결여
조직 차원	공감대 형성이 없는 구조와 시스템, 제한된 정책과 절차

읽을거리 한나라를 건국한 한 고조의 임파워먼트

중국의 통일왕조인 한나라를 건국한 초대 황제이자 중국 역사상 네 번째로 황제라는 칭호를 공식적으로 쓴 인물로 중국 역사상 최초의 평민 출신 황제로, 기존의 지배층이었던 제후나 귀족과는 아무런 연관이 없는 피지배층에서 황제라는 최고의 자리에 오른 입지전적인 인물이다. 진(秦)나라 말기의 대혼란에서 세력을 일으켜, 초한대전에서 숙적 항우(項羽)를 제압하고 천하를 차지했다.

한나라 고조 유방은 천하를 통일한 후 이렇게 말했다. "장막 안에서 계책을 세워 천리 밖에서 승리를 거두게 하는 데 있어 나는 장량만 못하다. 국가의 안녕을 도모하고 백성을 사랑하며 군대의 양식을 대주는 데 있어 나는 소하만 못하다.

백만 대군을 이끌고 나아가 싸우면 이기고 공격하면 반드시 빼앗는 데 있어 나는 한신만 못하다. 하지만 나는 이들을 얻어 이들의 능력을 충분히 발휘하게 해주었다. 이것이 내가 천하를 얻은 까닭이다."

인재는 각 분야에서 리더보다 더 뛰어난 능력과 전문성을 가지고 있다. 그런데도 그 능력을 리더의 지시와 통제 속에 가두고 억제한다면, 그 조직은 스스로의 역량을 갉아먹는 것과 같다. 유방은 그 옛날 이미 임파워먼트의 중요성을 깨닫고 실천했던 것이다.

그렇다면 임파워먼트가 충만한 조직은 어떻게 만들 수 있을까? 임파워먼트의 실행에서 가장 중요한 것은 직원의 성장을 돕고 동기를 부여하기 위해 회사의 단기적인 손실을 감내할 수 있는 경영자의 '배짱과 용기'일 것이다.

강한 체질의 조직을 만들기 위해서는 당장 손해가 발생할 것을 알면서도 책임과 권한을 넘겨줄 수 있어야 한다는 말이다.

출처: 조영탁(2008). 임파워먼트를 위한 경영자의 베짱과 용기, 주간한국.

학습정리

1. 코칭은 팀원 스스로 문제해결을 위한 답을 찾고, 변화를 추구하도록 돕는 것을 말한다.

2. GROW 코칭대화 모델에서 G는 Goal로서 목표 설정을, R은 Reality로서 현재 상황의 사실 파악을, O는 Option으로서 원인과 해결방안의 탐색을, W는 Will로서 요약과 확인을 하여 실천 의지를 확인하는 단계별 활동을 의미한다.

3. 임파워먼트는 리더들이 지니고 있는 권한과 책임을 부하들에게 위임해주고, 주어진 권한과 책임을 제대로 완수해 낼 수 있도록 코치하고 배려하는 등 부하의 능력을 키워주는 활동들을 말한다.

4. 임파워먼트는 의미성, 역량감, 자기결정력, 영향력의 4개의 차원으로 되어있다.

CHAPTER 07

갈등관리 능력

학습목표

1. 갈등의 의미를 설명할 수 있다.
2. 갈등발생의 원인과 기능을 설명할 수 있다.
3. 갈등해소방법에 대해 설명할 수 있다.
4. 갈등해결방법에 대해 설명할 수 있다.

01 갈등의 의미

갈등은 칡 '갈(葛)' 자와 등나무 '등(藤)' 자의 합성어이다. 칡은 반드시 왼쪽으로 감아 올라가지만, 등나무는 반드시 이와 반대로 오른쪽으로 감아 올라간다. 칡과 등나무가 같은 나무에 감아 올라가게 되면 서로 반대로 나무를 감아 올라가기 때문에 칡이 등나무를 휘어 감으면 등나무가 죽고, 반대로 등나무가 칡을 감으면 칡이 죽는다. 그러므로 칡과 등나무가 얽혀 있을 때 서로 죽지 않으려고 경쟁적으로 넝쿨을 뻗어 성장한다. 이렇게 유래된 갈등의 의미는 일이나 사정이 서로 복잡하게 뒤얽혀 화합하지 못하는 것을 의미한다(그림 7.1).

그림 7-1 칡과 등나무(왼쪽 칡 나무, 오른쪽 등나무)

영어의 갈등(conflict)의 어원은 라틴어의 콘피게레(configere)인데, 이것은 '함께'라는 의미의 콘(con)과 '충돌이나 다툼'을 의미하는 피게레(figere)가 합쳐진 합성어로 개인이나 집단 간에 서로 충돌한다는 뜻을 가지고 있다. 일반적으로 조직을 구성하는 개인과 집단, 조직 간에 잠재적 또는 현재적으로 대립하고 마찰하는 사회적 · 심리적 상태를 말한다.

조직사회에서 많은 사람들과 집단들이 제각기 목표를 가지고 활동하다 보면 마찰이나 불편한 관계가 생기기 마련이다. 갈등은 사람들이 관계를 형성하고 상호작용할 때 불가피하게 발생하는 사회적 현상으로 조직 구성원들의 사고, 가치, 태도, 행동 등이 다르기 때문에 갈등은 자연스럽고 필연적으로 발생할 수밖에 없다. 갈등이나 의견의 불일치는 불가피하며 본래부터 좋거나 나쁜 것이 아니라는 점을 인식하는 것이 중요하다. 갈등이 해결되지 않고 방치된다면 팀의 발전을 저해할 수 있다. 그러나 잘 관리한다면 갈등을 통해 합리적인 의사결정을 이끌어낼 수 있다. 결국 당신과 조직이 갈등을 어떻게 관리하느냐에 따라 결과는 달라진다.

02 갈등의 발생 원인과 기능

1) 갈등의 원인

부서 간의 교류와 또는 개인 간의 교류는 조직의 활동에 있어 가장 중요한 요소라 할 수 있다. 하지만 이런 조직에서 부서 간이나 개인 간에 필연적으로 갈등은 일어날 수밖에 없으며 이를 적절하게 관리하는 것이 중요하다. 따라서 조직에서 갈등의 원인인 및 기능을 살펴보는 것이 중요하다.

① 커뮤니케이션의 차이

의사전달 과정에서 발생하는 의미에 대한 오해, 내용에 대한 오해, 해석에 대한 오해 등과 공식적인 커뮤니케이션의 루트가 없거나 경색되어 있을 때 나타나는 커뮤니케이션 실패, 의사전달 기술이 미숙하여 자신의 의사를 제대로 전달할 수 없는 경우에 갈등의 원인으로 작용할 수 있다(정용주, 2006).

② 상이한 보상체계

부서나 개인의 상이한 보상체계를 갖고 있다 보면 집단 간 상호 협력이나 공동체 의식을 감소시키고, 집단 간 갈등을 유발하는 요인이 된다. 예를 들어 판매 실적을 우선시하는 판매부와 생산실적보다는 품질관리와 제품의 다양성을 중심으로 하는 생산부와는 보상체계가 달라서 갈등이 나타난다(강성관, 2007).

③ 목표의 차이

목표의 차이는 조직의 목표와 개인의 목표가 불일치하여 갈등이 유발되는 데 일반적으로 조직의 목표는 수익증대 또는 기술개발, 환경의 적응, 사회적 책임, 시장 확대 등이 포함되는 반면, 개인은 원활한 대인관계, 자율적 의사결정, 자율적 통계, 개인의 성장과 발전 등을 목표로 하고 있다.

④ 지위의 부조화

조직 내 다양한 지위체계에서 행동 주체 간의 상호작용을 예측 불가능하게 하면서 갈등을 야기시키게 되는 경우를 들 수 있으며, 이는 자신에게 주어진 지위가 자신의 기술, 위신 등에 맞지 않을 때 갈등으로 나타나고 계층제로 이루어져 있는 조직에서 리더와 부하 간의 지위격차가 갈등을 야기시키게 된다.

⑤ 노사 간 불균형

회사에 있어 인적자원은 다른 어느 것보다도 중요하다고 할 수 있다. 따라서 이에 대한 관리가 제대로 이루어져야만 하지만, 실제로 임금이나 복리후생 등 여러 조건에 있어 노사 간 의견 합의가 제대로 이루어지지 못해 갈등하는 경우가 있다.

⑥ 자원의 부족

개인이나 집단 간 자원 부족 현상이 생기면 갈등이 발생할 수 있다. 어느 조직이 많이 사용하면 다른 집단은 상대적으로 적은 양을 사용할 수밖에 없어서 두 집단 간 더 많은 자원을 확보하기 위해 경쟁하는 과정에서 갈등이 발생하게 되는 것이다.

⑦ 지각의 차이

지각의 차이는 현실을 어떻게 파악하느냐에 대한 집단 간 인식의 차이로서 대부분 커뮤니케이션상의 문제로 야기되며 의견불일치를 촉진시키고 공동 의사결정이나 협력을 어렵게 만든다. 또한 개인들 간 인지하는 정도가 각각 상이할 때 개인들은 갈등을 겪게 된다. 즉, 동일한 사회적, 문화적, 교육적 배경을 가지고 있더라도 특정 문제에 대해서 서로 상반된 인지와 가치관을 가질 수 있는데 이러한 차이가 갈등의 원인으로 나타나게 된다.

⑧ 지위 인식 차이

실증적인 지위와 인식되는 지위가 차이가 나면 갈등이 일어난다. 이러한 지위의 부조화는 직무에 대한 불만을 초래하며, 갈등이 발생할 수밖에 없다. 여기서 지위 차원은 근속연수, 연령, 교육 및 임금 수준 등을 포함하는 것이다. 또한 지위등급의 차이나 지위체계에 의한 불일치가 있을 경우에도 갈등은 발생한다.

⑨ 수평적 차별화

동일한 계층에서 활동하는 사람이나 집단 간 발생하는 갈등을 말한다. 수평적 갈등은 주로 목표의 불일치, 자원의 부족, 개인의 차이에 의해서 발생한다. 개인 간 혹은 집단 간 차별화가 클수록 갈등은 증가한다. 그 이유는 차별화가 서로 다른 경영이념과 목표를 발생시키기 때문이다. 이러한 갈등 원인의 요인들이 생성되는 구체적 배경 내용들은 갈등 집단의 성격, 관계 구조나 거래구조의 특성에 따라 달라질 수 있다.

2) 갈등의 기능

갈등이 일어나지 않으면 좋은 점도 많이 있지만, 반대로 구성원들 간에 무관심, 창의적인 아이디어의 결핍, 획일성과 무사안일, 업무에 대한 긴장감이 나타나지 않는다. 이러한 결과는 환경변화에 적절히 대응하지 못하며 매너리즘에 빠져 혁신하지 못함으로써 좋지 못한 결과를 가져온다. 반면에 지나치게 심한 갈등을 겪고 있는 조직은 조직 내의 권력의 획득을 목적으로 한 분쟁, 혼란, 불만족, 팀워크의 상실, 이직 등을 유발하여 조직의 성과를 떨어뜨리게 된다.

그림 7.2는 갈등과 조직성과의 관계를 보여주고 있는데, 갈등이 X1 수준일 때 조직의 직무성과가 가장 높아진다는 것이다. 즉, 갈등수준이 전혀 없거나 낮을 때에는 조직 내부는 의욕이 상실되고 환경변화에 대한 적응력도

떨어져 조직성과는 낮아지게 된다. 그러나 갈등수준이 적정(X1)할 때는 조직 내부적으로 생동감이 넘치고 변화 지향적이며 문제해결 능력이 발휘된다. 그 결과 조직성과는 높아지고, 갈등의 순기능이 작용한다. 마지막으로 갈등수준이 너무 높으면 조직 내부적으로 혼란과 분열이 생기고 조직에 비협조적이 된다. 그 결과 조직성과는 낮아지며, 갈등은 역기능을 한다.

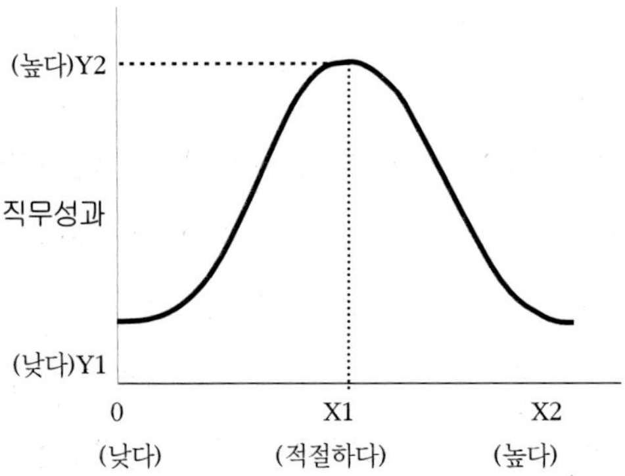

그림 7-2 갈등과 조직성과

갈등의 순기능이란 조직 또는 사회의 발전에 도움을 주는 생산적 기능을 의미한다. 갈등을 당연히 발생될 수 있는 정상적인 현상으로 보는 것으로, 현실적으로 갈등이 전혀 없을 수 없으며 오히려 어느 정도의 갈등은 조직의 유지를 위해 필요한 현상이다. 잠재된 문제가 갈등에 의해 부각되고 문제화되어 문제를 보다 정확히 인지하여 더 이상 사태를 악화시키는 것을 미연에 방지할 수 있다. 그리고 집단 내의 갈등은 집단의 응집력을 높이며, 응집력이 높은 집단은 낮은 집단에 비해 결근율, 이직률이 낮다.

갈등의 역기능은 첫째, 부서 이기주의를 증가시킨다. 집단 내의 마음 맞는 구성원들끼리의 응집력이 강하게 되어 그에 소속되지 않는 다른 구성원에 대하여 배타적인 자세를 취하게 된다. 이렇게 되면 다른 구성원들이 소외감을 가지거나 무관심 집단이 되어 조직 전체의 목표달성을 저해하게 된다. 둘째, 갈등이 증가하면 구성원들은 강력한 리더십을 원한다. 신속한 문제해결을 위해 구성원들의 자발적인 요청에 따라 리더십의 독재현상이 나타난다. 셋째, 갈등을 지각하게 되면 규범을 더욱 강조하게 되어 규범을 준수하는 것이 성과나 개인적인 만족보다 더 중요한 목표가 된다(표 7.1).

표 7-1 갈등의 순기능과 역기능

갈등의 순기능	갈등의 역기능
• 창의력을 고취시킨다. • 의사결정을 질적으로 개선한다. • 집단응집력 및 충성심을 고양시킨다. • 도전적인 분위기와 혁신풍토를 조성한다.	• 목표달성의 노력을 약화시킨다. • 파벌의식 및 편견을 증가시킨다. • 불필요한 에너지의 소모가 생긴다. • 독재자 출현의 빌미가 될 수 있다.

03 갈등 해소방법

1) 갈등의 단서와 갈등을 증폭시키는 원인

갈등을 즉각적으로 다루지 않는다면 나중에는 곪아 터진다. 그렇게 되면, 갈등은 팀 성공을 저해하는 강력한 장애물이 될 것이다. 그러나 갈등이 존재한다는 사실을 인정하고 해결을 위한 조치를 취한다면, 갈등을 성공을 위한 하나의 기회로 전환시킬 수 있을 것이다. 당신이 갈등에 직접 관련된 팀원이든 갈등을 관찰하는 팀 리더이든 간에, 갈등을 해결하고자 한다면 갈등이 존재한다는 사실부터 인정해야 할 것이다.

① 갈등을 파악하는 데 도움이 되는 단서들이다.

- 지나치게 감정적으로 논평과 제안을 한다.
- 타인의 의견발표가 끝나기도 전에 타인의 의견에 대해 공격한다.

- 핵심을 이해하지 못한 데 대해 서로 비난한다.
- 편을 가르고 타협하기를 거부한다.
- 개인적인 수준에서 미묘한 방식으로 서로를 공격한다.

② 갈등을 증폭시키는 원인

- 적대적 행동 : 팀원들은 승·패의 경기를 시작하고, 문제를 해결하기보다는 '승리하기'를 원한다.
- 입장 고수 : 팀원들은 공동의 목표를 달성할 필요성을 느끼지 않고, 각자의 입장만을 고수하고, 의사소통의 폭을 줄이며, 서로 접촉하는 것을 꺼린다.
- 감정적 관여 : 팀원들은 자신의 입장에 감정적으로 묶인다.

2) 갈등의 해결방안 탐색

갈등을 효과적으로 해결하기 위해서는 갈등을 부지런히 탐색하여야 한다. 실제의 갈등을 파악하는 일은 보기보다 매우 어렵다. 갈등은 핵심적인 문제나 감정적인 문제들에서 생겨나게 된다.

① 갈등의 두 가지 이슈

주된 갈등이 핵심적인 문제에서 발생한 것이라고 할지라도, 자존심을 위협하거나 질투를 유발하는 것과 같은 감정적인 문제들이 갈등의 강도를 높일 수 있다. 핵심적인 문제들은 대부분 갈등의 밑바닥에 깔려있는 반면에, 감정적인 문제들은 갈등을 복잡하게 만든다. 갈등을 해결하기 위해서는 핵심적인 문제부터 해결해야 한다(표 7.2).

표 7-2 갈등의 두 가지 이슈

핵심 문제	감정적 문제
• 역할 모호성 • 방법에 대한 불일치 • 목표에 대한 불일치 • 절차에 대한 불일치 • 책임에 대한 불일치 • 가치에 대한 불일치 • 사실에 대한 불일치	• 공존할 수 없는 개인적 스타일 • 통제나 권력 확보를 위한 싸움 • 자존심에 대한 위협 • 질투 • 분노

② 갈등의 두 가지 유형

갈등에는 두 가지 유형이 있다. 두 가지를 명확히 구별하고 그 유형들을 각기 독립적으로 다루면, 문제를 훨씬 수월하게 해결할 수 있다.

첫 번째 유형은 '불필요한 갈등'이다. 개개인이 저마다 문제를 다르게 인식하거나 정보가 부족한 경우, 편견 때문에 발생한 의견 불일치로 적대적 감정이 생길 때 불필요한 갈등이 일어난다.

두 번째 유형은 '해결할 수 있는 갈등'이다. 목표와 욕망, 가치, 문제를 바라보는 시각과 이해하는 시각이 다를 경우에 일어날 수 있는 갈등이다. 이러한 갈등은 상대를 먼저 이해하고, 서로가 원하는 것을 만족시켜 주면 저절로 해결된다. 당신이 가장 중요하다고 여기는 문제가 다른 사람 때문에 해결되지 못한다고 느낄 때 불필요한 갈등이 생긴다.

관리자의 신중하지 못한 태도로 인해 갈등이 발생했을 때, 불필요한 갈등이 심각한 수준에 이를 수 있다. 리더들조차 이러한 갈등을 해결하지 못할 때가 많다. 이러한 갈등을 예방하고 줄이고 통제할 수 있는 방법들을 반드시 찾아야 한다. 갈등의 원인을 먼저 확인하고 해결할 방법을 결정한 다음, 상황을 어떻게 마무리할 것인가를 정한다.

3) 갈등의 과정

갈등의 과정은 의견 불일치, 대결 국면, 격화 국면, 진정 국면의 4가지 단계를 거치면서 진행된다.

① 의견 불일치

인간은 다른 사람들과 서로 생각이나 신념, 가치관이 다르고 성격도 다르기 때문에 다른 사람들과 의견의 불일치를 가져온다. 많은 의견 불일치는 상대방의 생각과 동기를 설명하는 기회를 주고 대화를 나누다 보면 오해가 사라지고 더 좋은 관계로 발전할 수 있지만, 사소한 오해로 인한 사소한 갈등이라도 그냥 내버려 두면 심각한 갈등으로 발전하게 된다.

② 대결 국면

의견 불일치가 해소되지 않으면 대결 국면으로 빠져들게 된다. 이 국면에서는 이제 단순한 해결방안은 없고 제기된 문제들에 대하여 새로운 다른 해결점을 찾아야 한다. 일단 대결 국면에 이르게 되면 감정이 개입되어 상대방의 주장에 대한 문제점을 찾기 시작하고, 자신의 입장에 대해서는 그럴듯한 변명으로 옹호하면서 양보를 완강히 거부하는 상태에까지 이르게 된다. 상대방의 입장은 부정하면서 자기주장만 하려고 한다. 서로의 입장을 고수하려는 강도가 높아지면서 서로 간의 긴장은 더욱 높아지고 감정적인 대응이 더욱 격화되어 간다.

③ 격화 국면

격화 국면에 이르게 되면 상대방에 대하여 더욱 적대적인 현상으로 발전해 나간다. 이제 의견일치는 물 건너가고 설득을 통해 문제를 해결하려고 하기보다는 강압적, 위협적인 방법을 쓰려고 하며, 극단적인 경우에는 언어폭력이나 신체적인 폭행으로까지 번지기도 한다. 상대방에 대한 불신과 좌절, 부정적인 인식이 확산되면서 다른 요인들에까지 불을 붙이는 상황에 빠지기도 된다. 이 단계에서는 상대방의 생각이나 의견, 제안을 부정하고, 상대방은 그에 대한 반격으로 대응함으로써 자신들의 반격을 정당하게 생각한다.

④ 진정 국면

시간이 지나면서 정점으로 치닫던 갈등은 점차 감소하는 진정 국면에 들어선다. 계속되는 논쟁과 긴장이 귀중한 시간과 에너지만 낭비하고 이러한 상태가 무한정 유지될 수 없다는 것을 느끼고 점차 흥분과 불안이 가라앉고 이성과 이해의 원상태로 돌아가려 한다. 그러면서 협상이 시작된다. 협상과정을 통해 쟁점이 되는 주제를 논의하고 새로운 제안을 하고 대안을 모색하게 된다. 이 단계에서는 중개자, 조정자 등의 제3자가 개입함으로써 갈등 당사자 간에 신뢰를 쌓고 문제를 해결하는 데 도움이 되기도 한다.

읽을거리

탄광촌에서 광부로 살기를 바라는 아버지와의 갈등속에서 꿈을 이룬 NASA 엔지니어 호머 히컴의 실화를 바탕으로 만든 영화 옥토버스카이

1957년 미국 웨스트버지니아의 탄광마을 콜우드에 사는 호머 히컴은 수업시간에 소련의 인공위성 스푸트니크에 대해 알게 되면서 로켓에 관심을 가진다. 이후 얕은 지식으로 직접 로켓을 만들어 보지만 로켓에 불을 붙이자마자 그 자리에서 폭발해 실패한다. 작은 탄광마을에선 로켓 관련 서적들을 구하기 힘들단 걸 깨닫고 같은 반의 모범생 퀜틴 윌슨에게 접근해 로켓에 대해 알려달라고 부탁한다. 그렇게 호머와 퀜틴, 그리고 로이 리와 셔먼이 뭉쳐 로켓을 제작해 전국 과학박람회에 나가기로 결심한다.

당시만 해도 탄광촌에서 대학을 갈 수 있는 유일한 길은 운동선수로 스카우트되어 장학금을 받고 대학가는 것이 유일하다시피 했던 때였는데, 탄광에서 석탄 캐는 광부로 살아가길 바라는 호머 아버지와의 갈등으로 아버지의 반대로 마을에서 12km나 떨어진 곳까지 걸어가 로켓 발사대를 만들어 실험하는 열정을 보인다. 여러 실패 끝에 결국 로켓을 쏘아올리는 데 성공한 아이들은 지역 신문에 이름을 날리면서 순식간에 유명인사가 된다.

하지만 아이들이 쏘아올린 로켓이 근처 숲으로 떨어져 산불이 나는 사고가 터지고,

설상가상 아버지가 근무 도중 사고를 당하면서 가세가 기울어지자 호머는 모든 꿈을 포기하고 광부가 되기로 한다. 그러나 여전히 꿈에 미련이 남아있던 호머는 선생을 찾아가 조언을 듣고 용기를 얻어 다시 꿈을 쫓기로 결심한다. 호머는 로켓이 산불을 내지 않았음을 증명하기 위해 로켓 고도를 공부하고 계산해 낸 뒤, 퀜틴과 숲속으로 들어가 당시 쏜 로켓을 발견하면서 자신들이 무죄임을 입증한다.

누명을 벗은 아이들은 과학박람회 출전을 준비하지만 학교 재정 부족으로 호머만 박람회에 간다. 전시한 로켓을 도난당해 탈락할 위기에 처하기도 하지만 아버지와 마을 주민들 모두가 나서 필요한 로켓 부품들을 제작해 준 덕에 무사히 대회를 치른다. 그리고 대회에 우승하면서 마을로 금의환향하고 친구들과 함께 대학교 장학금을 지원받게 된다. 마지막으로 로켓 발사장에서 동네 주민들 모두에게 그간의 감사를 표하고, 처음 그곳을 찾은 아버지와 함께 로켓을 발사한다. 로켓이 하늘 높이 올라가고, 아버지는 마침내 호머를 인정한다.

출처: 나무위키, 옥토버스카이
https://namu.wiki/w/%EC%98%A5%ED%86%A0%EB%B2%84%20%EC%8A%A4%EC%B9%B4%EC%9D%B4

04 갈등 해결방법

1) 갈등관리 유형

다양한 갈등 상황에서 반응하는 갈등 해결방법은 회피형, 경쟁형, 수용형, 타협형, 통합형(협력형)의 다섯 가지 유형으로 구분해볼 수 있다.

① 회피형

회피형(avoiding)은 자신과 상대방에 대한 관심이 모두 낮은 경우로, 갈등 상황에 대하여 상황이 나아질 때까지 문제를 덮어두거나 위협적인 상황에서 피하고자 하는 경우를 말한다. 회피형은 개인의 갈등상황으로부터 철회 또는 회피하는 것으로, 상대방의 욕구와 본인의 욕구를 모두 만족시킬 수 없어 '나도 지고 너도 지는 방법(I lose-You lose)'이라고도 한다.

② 경쟁형

경쟁형(competing)은 지배형이라고도 하는데, 자신에 대한 관심은 높고 상대방에 대한 관심은 낮은 경우로 '나는 이기고 너는 지는 방법(win-lose)'이라고 한다. 경쟁형은 상대방의 목표달성을 희생시키면서 자신의 목표를 이루기 위해 전력을 다하는 전략이다. 이 방법은 제로섬(zero sum) 개념을 의미한다.

③ 수용형

수용형(accommodating)은 자신에 대한 관심은 낮고 상대방에 대한 관심은 높은 경우로서 '나는 지고 너는 이기는 방법(I lose-You win)'이라고 한다. 이 방법은 상대방의 관심을 충족하기 위하여 자신의 관심이나 요구는 희생함으로써 상대방의 의지에 따르는 경향을 보인다. 이 방법은 상대방이 거친 요구를 해오는 경우에 전형적으로 나타나는 반응이다.

④ 타협형

타협형(compromising)은 자신에 대한 관심과 상대방에 대한 관심이 중간 정도인 경우로서, 서로가 받아들일 수 있는 결정을 하기 위하여 타협적으로 주고받는 방식(give and take)을 말한다. 갈등 당사자들이 반대의 끝에서 시작하여 중간 정도 지점에서 타협하여 해결점을 찾는 것이다. 갈등 당사자 간에 불신이 클 때 이 방법은 실패하기 쉽다.

⑤ 통합형

통합형(integrating)은 협력형(collaborating)이라고도 하는데, 자신은 물론 상대방에 대한 관심이 모두 높은 경우로서 '나도 이기고 너도 이기는 방법(win-win)'이라고 한다. 이 방법은 문제해결을 위하여 서로 간에 정보를 교환하면서 모두의 목표를 달성할 수 있는 윈윈 해법을 찾는다. 아울러 서로의 차이를 인정하고 배려하는 신뢰감과 공개적인 대화를 필요로 한다. 통합형이 가장 바람직한 갈등해결 유형이라 할 수 있다.

2) 갈등관리 진단

인생은 선택의 연속이라는 말이 있다. 선택을 해야 하는 삶이기 때문에 갈등은 생겨날 수밖에 없다. 많은 갈등의 원인은 갈등의 유형과 밀접한 관련이 있다. 갈등이 일어났을 때 어떻게 대응하는 것인가에 따라 갈등관리 유형이 나누어질 수 있다. 갈등관리 유형을 진단해 보고, 어떤 갈등유형에 속하는지 확인해보자.

※ 다음의 각 문항을 읽고, 당신은 갈등 상황에서 어떤 행동을 하는지 A, B 중 해당하는 것에 체크해 보자.

1	A	문제해결의 책임을 상대방에게 맡기는 경우가 많다.
	B	의견이 다를 때 동의하지 않는 일들로 협상하기보다 서로 동의하는 일들을 강조한다.
2	A	절충안을 찾으려고 노력한다.
	B	상대방과 나의 관심사 모두를 만족시키려 노력한다.
3	A	목표 달성을 위해 대체로 끝까지 밀고 나간다.
	B	상대방의 감정을 상하지 않게 하면서 서로 간의 관계유지에 노력한다.
4	A	절충안을 찾으려고 노력한다.
	B	상대방이 원하는 것을 위해 내가 원하는 것을 포기할 때가 종종 있다.
5	A	해결책을 찾기 위해 항상 다른 사람의 도움을 청한다.
	B	불필요한 긴장 상태를 피하려고 노력한다.

6	A	될 수 있는 한 불편한 자리는 피한다.
	B	내 입장을 끝까지 주장하는 편이다.
7	A	문제를 충분히 생각해볼 여유를 가지기 위해 그것을 미룬다.
	B	어떤 것을 얻는 대신 다른 것을 포기한다.
8	A	목표 달성을 위해 대체로 끝까지 밀고 나간다.
	B	모든 관심사와 문제들을 망설이지 않고 이야기한다.
9	A	서로 의견이 다른 점에 대해서는 신경 쓸 가치가 없다고 생각한다.
	B	내 방식대로 일을 처리하는 편이다.
10	A	목표 달성을 위해 대체로 끝까지 밀고 나간다.
	B	절충안을 찾으려고 노력한다.
11	A	모든 관심사와 문제들을 망설이지 않고 이야기한다.
	B	상대방의 감정을 상하지 않게 하면서 서로 간의 관계유지에 노력한다.
12	A	때때로 말싸움을 일으킬 수 있는 입장에 서는 것을 피한다.
	B	나의 입장을 상대방이 어느 정도 이해할 때 나도 상대방의 입장을 이해하도록 허용한다.
13	A	절충안을 제안한다.
	B	내 의견을 끝까지 밀고 나가기 위해 최선을 다한다.
14	A	내 생각을 말한 다음 상대방의 생각을 물어본다.
	B	상대방에게 내 생각의 타당성과 좋은 점을 보여주려고 노력한다.
15	A	상대방의 감정을 상하지 않게 하면서 서로 간의 관계유지에 노력한다.
	B	불필요한 긴장 상태를 피하려고 노력한다.
16	A	상대방의 마음을 상하지 않게 하려고 노력한다.
	B	상대방에게 내 입장의 좋은 점을 설득시키려고 노력한다.
17	A	목표 달성을 위해 대체로 끝까지 밀고 나간다.
	B	불필요한 긴장 상태를 피하려고 노력한다.
18	A	상대방이 자신의 의견을 주장하는 데서 기쁨을 느낀다면, 그렇게 하도록 할 수 있다.
	B	나의 입장을 상대방이 어느 정도 이해할 때 나도 상대방의 입장을 이해하도록 허용한다.
19	A	모든 관심사와 문제들을 망설이지 않고 이야기한다.
	B	문제를 충분히 생각해볼 여유를 가지기 위해 그것을 미룬다.
20	A	의견 차이가 생기면 즉각적으로 해결하도록 노력한다.
	B	모두에게 이익과 손해에 관한 공정한 입장을 찾도록 노력한다.
21	A	협상하는 과정에서 상대방의 의견을 들어주려고 노력한다.
	B	항상 문제를 단도직입적으로 이야기하는 편이다.

22	A	상대방과 나의 입장의 중간 입장을 찾으려고 노력한다.
	B	내가 원하는 것을 주장한다.
23	A	모두가 원하는 바를 만족시키는데 항상 관심을 가진다.
	B	문제해결의 책임을 상대방에게 맡기는 경우가 많다.
24	A	상대방의 입장이 매우 중요하다고 생각하면 그가 하고 싶은 것을 만족시켜 주려고 노력한다.
	B	상대방이 절충안을 받아들일 수 있도록 노력한다.
25	A	상대방에게 내 생각의 타당성과 좋은 점을 보여주려고 노력한다.
	B	협상하는 과정에서 상대방의 의견을 들어주려고 노력한다.
26	A	절충안을 제안한다.
	B	모두가 원하는 바를 만족시키는 데 항상 관심을 가진다.
27	A	때때로 말싸움을 일으킬 수 있는 입장에서는 것을 피한다.
	B	상대방이 자신의 의견을 주장하는 데서 기쁨을 느낀다면 그렇게 하도록 할 수 있다.
28	A	목표 달성을 위해 대체로 끝까지 밀고 나간다.
	B	해결책을 찾기 위해 항상 다른 사람의 도움을 청한다.
29	A	절충안을 제안한다.
	B	서로 의견이 다른 점에 대해서는 신경 쓸 가치가 없다고 생각한다.
30	A	상대방의 마음을 상하지 않게 하려고 노력한다.
	B	문제가 있으면 항상 상대방과 의논하여 해결하도록 한다.

※ 설문지에 체크한 'A' 혹은 'B'를 집계표에 체크 한다.

[집계표]

	경쟁형	협력형	타협형	회피형	수용형
1				A	B
2		B	A		
3	A				B
4			A		B
5		A		B	
6	B			A	
7			B	A	
8	A	B			
9	B			A	
10	A		B		
11		A			B
12			B	A	
13	B		A		
14	B	A			
15				B	A
16	B				A
17	A			B	
18			B		A
19		A		B	
20		A	B		
21		B			A
22			A		
23		A		B	
24			B		A
25	A				B
26		B	A		
27				A	B
28	A	B			
29			A	B	
30		B			A

출처: Thomas, K. W., & Kilmann, R. H. (1974). Thomas-Kilmann Conflict Mode Instrument: Xicom Tuxedo, NY.

이나훔(2016). 국세공무원의 갈등관리유형이 직무성과, 고객지향성, 이직의도에 미치는 영향. 국내석사학위논문 서울대학교 행정대학원, 서울.

활동

※ 집계표에서 가장 많이 체크된 유형이 자신의 갈등관리 유형이다.

① 자신의 갈등관리 유형은 무엇인가?

② 각 갈등관리 유형(경쟁형, 협력형, 타협형, 회피형, 수용형) 별로 몇 개씩 체크되었는가?

③ 효과적인 갈등관리를 위해 무엇을 강화해야 한다고 생각하는가?

3) 갈등관리 유형별 전략의 선택

갈등해결방법에는 자신의 이익에 대한 관심과 타인의 이익에 대한 정도에 따라 회피형, 경쟁형, 수용형, 타협형, 통합형으로 구분되는 갈등 반응 모형이다. 통합형이 가장 어렵지만 바람직한 방법으로 win-win전략이라고도 한다. 자신의 이익을 충족함과 동시에 타인의 이익도 충족되어야 하기 때문에 어렵지만 서로 만족하기 위해서는 솔로몬의 지혜와 같이 상호 협력적이고 창조적인 해결방안을 모색해야 한다. 여러 가지 해결할 수 있는 대안 중에서 서로 이익에 모두 충족하는 대안을 선택하는 방법으로 쉽지는 않으나 개인이나 사회에서 매우 바람직한 해결 방법이다(그림 7.3). 다음은 각 유형별 갈등에 적합한 상황이다.

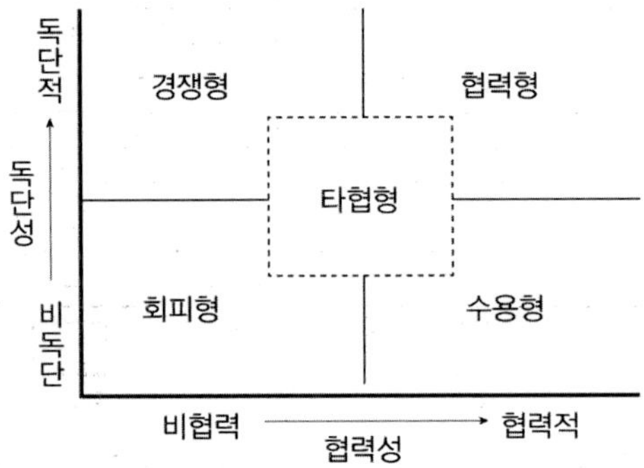

그림 7-3 토마스-킬만의 갈등반응 모형

① 회피형은 갈등이 없었던 것처럼 행동하여 이를 의도적으로 피하는 방법으로 쟁점이 사소한 것이거나 사태를 진정시키고자 할 때 사용하면 적절하다.

- 사소한 문제이거나 더 중요한 문제가 많을 때
- 나의 이익을 충족시킬 여지가 없다고 판단될 때, 효과보다 비용이 클 때

- 바른 결정을 하기에 앞서 정보수집이 필요할 때
- 내가 아닌 다른 사람이 더 효과적으로 해결할 수 있다고 느낄 때

② 경쟁형은 상대방의 손해가 있더라도 자신은 이익을 얻으려고 하는 방법으로 상대방에게 물리적, 정서적 강제력이나 권한, 혹은 압력을 행사하는 것이다. 긴급한 상황이나 인기 없는 조치가 요구될 때, 조직의 성장에 매우 중요한 문제일 때 사용하면 적절하다.

- 위급상황과 같은 단호한 행동이 결정적으로 필요할 때
- 비용감축, 상대방 훈련의 목적, 규율의 엄수 등 조치를 시행할 필요가 있을 때
- 조직을 위해서 내가 분명히 옳다는 것을 알고 있을 때

③ 수용형은 관계유지를 목적으로 자신을 희생하고 상대방의 주장을 받아들이는 방법으로 보다 중요한 문제를 위해 좋은 관계를 유지해야 할 때 사용하는 것이 적절하다.

- 스스로 틀렸다는 것을 알게 되었을 때
- 상대방을 수용함으로써 합리적 인상을 줄 수 있을 때
- 문제가 나보다 상대방에게 더 중요한 경우 배려를 통하여 협력 유지 가능
- 조화와 안정이 무엇보다도 중요한 상황일 때

④ 타협형은 서로 조금씩 양보하여 절충안을 찾으려는 방법으로 양쪽이 모두 손해를 보기 때문에 또 다른 갈등의 원인이 될 수 있다. 서로의 입장을 양보하고 외부의 개입, 협상의 방법을 사용한다.

- 목표달성에 따른 잠재적인 문제가 클 때
- 서로 융합될 수 없는 목표를 추구하고 있을 때
- 복잡한 문제에 대하여 일시적 해결을 추구해야 할 때
- 시간 압박으로 일단 해결점에 도달해야 할 때

⑤ 통합형은 양쪽 모두를 만족할 수 있는 갈등 해소책을 적극적으로 찾으려는 방법으로 자신과 상대방의 관심과 이해관계를 정확히 파악하여 문제해결을 위한 통합적 대안을 도출해낸다. 문제의 취지가 불명확하거나 복잡할 경우에 적합하다. 개인이나 모든 정보를 공유하며, 문제해결 과정에 충실할 수 있는 능력과 의지를 갖고 있는 경우에 선택해야 한다.

- 양쪽 모두의 관심사로 매우 중요하며 통합적인 해결책만이 수용될 수 있을 때
- 양쪽 모두의 몰입이 필요할 때
- 감정이 개입되어 서로의 관계를 해칠 것 같을 때

학습정리

1. 갈등이란 상호 간에 의견 차이 때문에 발생하게 된다. 목표를 달성하기 위해 노력하는 팀이라면 갈등은 항상 일어나게 마련이다. 그러나 이러한 의견 차이는 항상 부정적인 것만은 아니다.

2. 갈등을 확인할 수 있는 단서에는 ① 지나치게 감정적인 논평과 제안 ② 타인의 의견발표가 끝나기도 전에 타인의 의견에 대해 공격 ③ 핵심을 이해하지 못한 것에 대해 서로 비난 ④ 편을 가르고 타협하기를 거부 ⑤ 개인적인 수준에서 미묘한 방식으로 서로를 공격하는 것 등이 있다.

3. 갈등을 증폭시키는 원인에는 ① 적대적 행동 ② 입장 고수 ③ 감정적 관여 등이 있다.

4. 갈등 해결방법 모색 시 명심해야 할 사항으로는 ① 다른 사람들의 입장 이해하기 ② 어려운 문제는 피하지 말고 맞서기 ③ 자신의 의견을 명확하게 밝히고 지속적으로 강화하기, ④ 사람들과 눈을 자주 마주치기 ⑤ 마음을 열어놓고 적극적으로 경청하기 ⑥ 타협하려 애쓰기 ⑦ 어느 한쪽으로 치우치지 않기 ⑧ 논쟁하고 싶은 유혹을 떨쳐내기 ⑨ 존중하는 자세로 사람들을 대하기 등이 있다.

08
CHAPTER

협상 능력

학습목표

1. 협상의 의미를 설명할 수 있다.
2. 협상 과정을 설명할 수 있다.
3. 협상력 결정요인에 대해 설명할 수 있다.
4. 협상전략에 대해 설명할 수 있다.

01 협상의 의미

'협상'은 화할 협(協) 자와 헤아릴 '상(商)' 자가 결합한 말이다. 화할 협은 '여러 사람이 힘을 합한다.'라는 뜻이며, 헤아릴 상은 '안에 있는 것을 밖에서 헤아려 안다'는 뜻이다. 협상은 협상자들 서로가 힘을 합하여 서로의 문제나 동기 또는 목적을 헤아려 이해하는 것을 뜻한다. 이처럼 동양에서 이해되고 있는 협상의 어원적 의미는 협상에서 상대방에 대한 배려에 중점을 둔 것으로 보인다. 상대방을 이해하며 협상해야 하는 것이다.

영어의 어원은 '협상하다(negotiate)'라는 동사는 라틴어 'negtir'에 뿌리를 두고 있다. 여가를 뜻하는 'tir'이라는 어근에 부정의 의미를 지닌 'neg'가 붙어 '여가가 아니다'라는 의미를 담고 있다. 라틴어의 근본적인 의미만으로 따지면 '협상'이라는 단어에서 '즐거움'이라는 요소를 찾기는 사실 어렵다. 또 다른 기원으로는 '사업, 직업, 일' 등을 뜻하는 라틴어 중성형 명사 negotium(n.)가 중세 프랑스어 négociation(f.)을 거쳐 영어로 들어와서 협상(negotiation)은 '사업, 거래, 일'이라는 의미였지만, 나중에 사업이나 거래를 위한 '흥정' 또는 '협상'을 일컫는 의미로 발전하였다고 한다.

협상은 어느 한 면으로 특정 짓기에는 너무도 다양하며, 서로 다른 욕구와 견해를 가진 두 사람 이상이 만나게 되면 세상 어느 곳이나 협상 테이블이며, 모든 사람들이 협상가임을 알 수 있을 것이다. 협상은 서로 다른 이해관계를 가진 둘 또는 그 이상의 상호의존적인 사회 개체들이 갈등을 해소하기 위하여 공동으로 의사결정을 내리는 과정이다.

협상의 의미는 크게 의사소통 차원, 갈등해결 차원, 지식과 노력 차원, 의사결정 차원, 교섭 차원에서 살펴볼 수 있다. 첫째, 의사소통 차원에서 볼 때, 협상이란 이해당사자들이 자신들의 욕구를 충족시키기 위해 상대방으로부터 최선의 것을 얻어내기 위해 상대방을 설득하는 소통 과정이다. 협상이란 자신이 얻고자 하는 것 때문에 다른 사람들 또는 집단들과 갈등 상태에 있을 때 그들을 설득하여 자신이 원하는 것을 쟁취하기 위한 일련의 소통 과정이라고 할 수 있다. 커뮤니케이션이 원활하고 상대방 설득이 원활하게 진행될 때, 협상도 원활히 진행되고 좋은 결과를 산출하게 될 것이다. 그러나 서로가 상대방에 대한 분노와 증오로 가득 차서 서로가 상대방을 적으로 단정하고 의사소통 과정을 차단하고 단절할 때 협상은 더 이상 진전되지 못할 것이다. 그러므로 협상이란 설득을 목적으로 하는 의사소통인 것이다.

둘째, 갈등해결 차원에서 볼 때, 협상이란 갈등관계에 있는 이해당사자들이 대화를 통해서 갈등을 해결하고자 하는 상호작용 과정이다. 협상이란 개인, 조직 또는 국가가 가지고 있는 갈등의 문제를 해결하기 위해서 갈등관계에 있는 이해당사자들이 대화를 통해서 상반되는 이익은 조정하고 공통되는 이익을 증진시키는 상호작용 과정이라 할 수 있다.

셋째, 지식과 노력 차원에서 볼 때, 협상이란 우리가 얻고자 하는 것을 가진 사람의 호의를 얻어내기 위한 것에 관한 지식이며 노력의 분야이다.

협상이란 승진, 돈, 안전, 자유, 사랑, 지위, 명예, 정의, 애정 등 우리가 얻고자 원하는 것을 어떻게 다른 사람들보다 더 우월한 지위를 점유하면서 얻을 수 있을 것인가 등에 관련된 지식이며 노력의 장이라고 할 수 있다.

넷째, 의사결정 차원에서 볼 때, 협상이란 둘 이상의 이해당사자들이 여러 대안들 가운데서 이해당사자들 모두가 수용 가능한 대안을 찾기 위한 의사결정과정이라 할 수 있다. 또한 협상이란 공통적인 이익을 추구하나 서로 입장의 충돌 때문에 이해당사자들 모두에게 수용 가능한 이익의 조합을 찾으려는 개인, 조직 또는 국가의 상호작용 과정이라고 볼 수 있다.

다섯째, 참여자들의 공통적인 의사결정을 필요로 하는 교섭 차원에서 볼 때, 협상이란 선호가 서로 다른 협상 당사자들이 합의에 도달하기 위해 공동으로 의사결정하는 과정이라고 할 수 있다. 또한 협상이란 둘 이상의 당사자가 갈등상태에 있는 쟁점에 대해서 합의를 찾기 위한 과정이라고 정의될 수 있다. 즉 협상이란 둘 또는 셋 이상의 사람들이 갈등상태에 있는 어떤 쟁점에 대해서 주고받는 과정을 통해서 합의점을 찾아서 그 쟁점을 해결하기 위한 과정이다.

협상에 관한 이러한 주장들을 종합해보면, 협상(negotiation)이란 갈등상태에 있는 이해당사자들이 대화와 논쟁을 통해서 서로를 설득하여 문제를 해결하려는 정보전달과정이자 의사결정과정이다.

읽을거리

모두가 만족하는 새로운 방법으로 성공적인 협상을 한 영화 선생 김봉두

조용하던 시골 마을에 싸움이 벌어졌다. 비포장도로의 통행권을 두고 벌어진 다툼이다. 하우스에 물을 대기 위해 고무호스를 길 위에 설치해 둔 남진이 아버지. 그런데 그 위로 성만이 아버지가 경운기를 타고 지나가는 바람에 호스가 찢어졌다. 하지만 성만이 아버지만을 탓할 수도 없는 상황이다. 수확한 채소를 내다 팔러 읍내에 가야 하는데, 호스 위를 지나가는 게 유일한 길이었다. 둘은 서로 네 탓 내 탓을 하며 멱살을 잡았다.

어떻게 하면 이 문제를 해결할 수 있을까? 소식을 듣고 끌려온 김봉두 선생. 그는 양측 이야기를 곰곰이 들어보더니 해결책을 내놓는다.

"그러니까, 남진이 아버님은 하우스에다가 물을 대야 하니까 호스를 여기다 놔야 하고, 성만이 아버님은 경운기가 꼭 이 이 길로 갈 수밖에 없다는 말씀이잖아요. 그것만 해결되면 되는 거잖아요."

김 선생은 삽으로 땅을 파서 그 안으로 호스를 묻었다. 간단한 방법이지만 합의점을 찾는 데는 충분했다. 경운기가 지나가더라도 호스가 찢어지는 일이 없어졌다. 그것으로 마을에는 다시 평화가 찾아왔다.

이 영화의 사례가 어떤 면에서 성공적인 협상인지 알아보자.

첫째, 한쪽이 양보하는 게 아니라 둘 다 만족하는 새로운 방법을 찾아냈다. 방법은

'통행권 다툼'이라는 상황이 아니라 '물 대기'와 '지나가기'라는 양측의 진짜 목적에 집중했다. 둘째, 해결책이 효율적이었다. 만약 아스팔트 포장 등 비용이나 시간이 많이 드는 방법이라면 효율적이라고 할 수 없다. 다행히 삽으로 땅을 파면 되는 간단한 일이었다. 마지막으로 둘 사이의 갈등을 완전히 해결했다.

김봉두 선생은 서로 다른 의견에 대해 최선의 합의점을 찾고, 관계를 더욱 돈독하게 만드는 협상을 이끈 셈이다. 그야말로 성공적인 협상의 예를 명쾌하게 보여준다.

출처: 열린협상연구소, [영화 속 협상] #002. 성공적인 협상이란? (선생 김봉두, 2003), 2016. http://www.opennegolab.com/movie/?q=YToyOntzOjEyOiJrZXl3b3JkX3R5cGUiO3M6MzoiYWxsIjtzOjQ6InBhZ2UiO2k6MTt9&bmode=view&idx=19074&t=board

02 협상 과정

협상과정은 연구관점에 따라 다양한 형태로 언급될 수 있다. 협상과정은 기본적으로 준비단계, 협상단계, 합의 후 평가단계의 순서로 협상이 진행된다고 할 수 있다(그림 8.1).

협상 전 단계	• 협상기획: 협상과정(준비, 집행, 평가 등)을 계획 • 협상준비: 목표설정, 협상 환경 분석, 협상형태 파악, 협상팀 선택과 정보수집, 자기분석, 상대방분석, 협상전략과 전술수립, 협상대표 훈련
⬇	
협상진행단계	• 협상진행: 상호인사, 정보교환, 설득, 양보 등 협상전략과 전술구사 • 협상종결: 합의 및 합의문 작성과 교환
⬇	
협상 후 단계	• 협의내용 비준: 비준 • 협의내용 집행: 실행 • 분석평가: 평가와 피드백

그림 8-1 협상 과정

출처: 산업인력관리공단(2007). 대인관계능력 학습자용 워크북.

또한, 협상이 진행되면 과정은 아래 그림과 같이 협상시작, 상호이해, 실질이해, 해결방안, 합의문서 등의 5단계로 구분할 수 있다(그림 8.2).

단계	내용
협상시작	• 협상 당사자들 사이에 상호 친근감 쌓음 • 간접적인 방법으로 협상의사를 전달함 • 상대방의 협의의지를 확인함 • 협상 진행을 위한 체제를 짬
⬇	
상호 이해	• 갈등문제의 진행상황과 현재의 상황을 점검함 • 적극적으로 경청하고 자기주장을 제시함 • 협상을 위한 협상대상 안건을 결정함
⬇	
실질 이해	• 겉으로 주장하는 것과 실제로 원하는 것을 구분하여 실제로 원하는 것을 찾아냄 • 분할과 통합 기법을 활용하여 이해관계를 분석함
⬇	
해결 대안	• 협상 안건마다 대안들을 평가함 • 개발한 대안들을 평가함 • 최선의 대안에 대해서 합의하고 선택함 • 대안 이행을 위한 실행계획을 수립함
⬇	
합의 문서	• 합의문을 작성함 • 합의문 상의 합의내용, 용어 등을 재점검함 • 합의문에 서명함

그림 8-2 협상과정 5단계

출처: 산업인력관리공단(2007). 대인관계능력 학습자용 워크북.

협상시작 단계에서는 당사자들 사이의 어색한 분위기를 없애기 위해서 날씨 얘기나 좋아하는 취미활동 등에 대해 대화하면, 어색한 분위기보다는 협상이 흘러갈 수 있다. 시작단계에서 너무 직접적으로 협상의사를 전달하면 분위기가 딱딱해질 수 있으므로 우회해서 협상의사를 전달하는 것이 좋다. 상대방이 협상의지가 없다면, 협상이 진행되기 어려우므로 협상의지 확인 후 협상을 시작하게 된다.

상호이해 단계에서는 갈등문제가 어떻게 진행되는지 상황을 점검하고, 상대방의 의견을 적극적으로 경청하면서 협상할 내용을 제시한다. 상대방이 의견을 제시할 때 이야기 도중에 말을 끊거나 상대방의 말에 너무 반대만 하는 것은 협상에 방해가 되는 행동이므로 경청할 때 행동에 주의하여야 한다. 협상의 주제를 확인하고, 협상대상 안건을 결정하게 된다.

실질이해 단계에서는 협상에서 겉으로 주장하는 의견과 실제로 원하는 의견을 구분하여 실제로 원하는 의견을 확인한다. 다음은 협상 시 유의해야 할 사항이다.

- 다른 사람들의 입장을 이해한다. 사람들이 당황하는 모습을 자세하게 살핀다.
- 어려운 문제는 피하지 말고 맞선다.
- 자신의 의견을 명확하게 밝히고 지속적으로 강화한다.
- 사람들과 눈을 자주 마주친다.
- 마음을 열어놓고 적극적으로 경청한다.
- 타협하려 애쓴다.
- 어느 한쪽으로 치우치지 않는다.
- 논쟁하고 싶은 유혹을 떨쳐낸다.
- 존중하는 자세로 사람들을 대한다.

해결대안 단계에서는 협상안건마다 대안들이 적절한지 평가하고, 개발한 대안들을 평가하게 된다. 협상의 모든 단계에서 협상의 종결에 초점을 맞추고, 특정한 목적을 위해 협상하기 때문에 목표가 가까이 왔을 때 최선의 협상결과에 이를 수 있도록 해야 한다. 그래서 협상에 참석한 모든 당사자가 만족할 수 있는 최선의 대안에 대해서 합의하고 선택하게 되는 중요한 단계이다.

합의문서 단계에서는 합의문을 작성하고, 내용 및 용어를 재점검한 뒤 서명을 하게 된다.

03 협상력 결정요인

협상에서 좋은 결과를 얻기 위해서 알아두어야 할 4가지 요인이 있다. 협상에서는 이를 PIPT라고 부른다. 협상에 직, 간접적으로 영향을 주는 이 4가지 요소를 다루는 실력이 곧 협상 결과에 반영되는 것이며 이들 요소를 다루는 실력이 협상력을 좌우할 수 있다.

1) 최초요구

최초요구(primary request)는 협상당사자가 제시하는 최초제안이다. 협상에 있어서 '최초의 요구'는 그 중요성을 아무리 강조해도 지나치지 않다. 협상에서 차지하는 비중이 매우 크며, 협상결과에 지대한 영향을 미치기 때문이다. 그렇다면 최초 요구는 어떻게 할 것인가? 누가 먼저 할 것인가? 또한 상대방의 최초요구에 어떻게 대응할 것인가? 협상 초반에 이러한 이슈들에 대해 전략적 고려와 대응방법에 대한 준비를 하지 않으면 협상이 실패할 가능성이 높아진다. 최초요구에 대한 적절한 대응이 협상의 향후 방향과 협상 주도권에 지대한 영향을 주기 때문이다.

2) 정보

협상당사자, 경쟁사, 협상상황 등에 대한 정보(information)이다. 상대에 대한 정보, 경쟁사에 대한 정보 그리고 협상상황에 영향을 주는 정보도 사전에 가능한 한 많이 입수해 두어야 한다. 그리고 상대에게 오픈해도 되는 정보와 오픈해서는 안 되는 정보를 미리 분류해 두어 오픈해도 좋은 정보는 우호적 협상 분위기를 위해 적극적으로 활용하되 노출해서는 안 되는 정보는 잘 보호해야 한다. 사전 정보가 준비되지 않은 상태에서 협상에 들어가지 않는 것은 협상가의 기본 상식이다.

3) 힘

힘(power)은 협상당사자가 통제력을 발휘할 수 있는 영향력의 요인이다. 협상에는 눈에 보이지 않는 여러 가지 힘이 작용한다. 이러한 힘의 실체를 미리 알고 있으면 내게 유리하게 이용할 수 있다. 실무 협상의 경우 관련 지식과 경험이 많은 사람이 있을 경우 그 사람이 가진 지식만큼 협상에 유리해진다.

법률, 규정, 서류나 인쇄된 기록 등을 내보이며 '합법성이 힘'을 이용하는 경우도 많다. 이렇듯 협상에 영향을 주는 요소를 활용하여 유리하게 활용하는 것이 결과에 지대한 영향을 주는 것이다.

4) 시간

시간(time)은 협상에 대한 시간제약과 압력으로 상대가 협상에 사용할 수 있는 협상 시한이 언제까지인지 알아두는 것도 협상의 중요한 요소다. 반대로 나의 협상 시한에 대해 상대가 알게 되면 협상이 불리하게 전개될 수도 있다. 내가 조직의 압력이나 시간의 제약, 엄격한 마감 등에 구속받고 있다면 상대도 마찬가지라는 사실을 꼭 알아두어야 한다. 협상의 시간을 최대한 확보한다. 협상 마감 시한을 연장할 수 있도록 유연성을 확보해야 하고, 협상 일정을 결정할 때 과연 어느 쪽이 시간을 많이 가지게 되는 가를 예측하고, 가능하다면 일정을 조정하는 것도 좋다.

읽을거리

〈협상의 기술 44〉 협상에서 이기기 위한 4가지 요소는?

일요일 저녁, 아내와 함께 침대를 사기 위해 가구매장을 찾았다. 매장을 둘러보고 나서 아내는 220만 원짜리 고급침대를 마음에 들어 했다. 나는 너무 비싸다고 느끼면서도 이왕 큰맘 먹고 사는 것이니 그래도 좋은 물건을 사리라 생각하고 매장 직원을 불렀다.

"무엇을 찾으십니까?"

"음… 이 침대를 보고 있는데…"

"마음에 드십니까?"

"아주 마음에 드는군요."

"그럼, 이쪽으로 오시죠."

매장 직원은 우리를 계산대로 안내했다.

"지불은 현금으로 하시겠습니까, 아니면 카드나 할부로 하시겠습니까?"

나는 당장 전표를 끊으려는 매장 직원에게 서둘러 말한다.

"아, 가격 말인데요. 좀 비싸서 그러는데 깎아주실 순 없나요?"

하지만 매장 직원은 냉정하게 딱 잘라 말한다.

"곤란합니다. 예산이 어느 정도 되시죠? 180만 원 정도라면 조금 싼 것이 저쪽 코너에 있으니 돌아보시죠. 그리고 결정되면 다시 불러주십시오. 곧 오겠습니다."

이럴 경우 내가 할인받을 가능성은 거의 없다. 하지만 만약 내가 다음 주부터 그 침대가 '반액 세일'로 판매될 예정이라는 정보를 가지고 있다면 어떨까? 혹은 그 가구점의 사장이 나의 대학 후배로 학창시절부터 안면이 있는 사이라면 어떨까? 그 가구점이 폐점시간 전에 침대 하나를 더 팔아야 그달의 매출목표를 달성할 수 있는 상황이라면?

협상에서 좋은 결과를 얻기 위해서는 반드시 알아두어야 할 4가지 포인트가 있다. 협상학에서는 이를 'PIPT'라고 부른다.

- 최초요구(Primary request): 협상당사자가 제시하는 최초제안
- 정보(Information): 협상당사자, 경쟁사, 협상상황 등에 대한 정보
- 힘(Power): 협상당사자가 통제력을 발휘할 수 있는 영향력의 요소
- 시간(Time): 협상에 대한 시간제약과 압력

등 4가지 요소를 말한다.

협상에 직간접적으로 영향을 주는 이 4가지 요소를 다루는 실력이 곧 협상결과에 그대로 반영되는 것이며 결국 이들 요소를 다루는 실력이 협상력을 좌우하는 것이다.

출처: 김국진, 넥스트데일리 2016.05.25.
http://www.nextdaily.co.kr/news/articleView.html?idxno=19740

04 협상전략

1) 협상전략

협상 당사자들의 환경이나 입장이 다르기 때문에 협상가가 어떠한 협상 전략을 사용하는지에 따라 협상 결과는 달라진다. 협상 당사자는 자신의 목적과 상대방의 목적 그리고 상황적 요인에 따라서 다양하게 협상전략을 구사할 수 있다.

협상전략의 형태로는 문제해결전략, 양보전략, 무행동전략, 경쟁전략 등으로 구분할 수 있다. 이 중 문제해결전략은 협력전략에, 양보전략은 유화전략에, 무행동전략은 회피전략에, 경쟁전략은 강압전략에 해당한다.

① 협력전략

협력전략(cooperative strategy)은 협상 참여자들이 협동과 통합으로 문제를 해결하고자 하는 협력적 문제해결전략이다. 문제를 해결하는 합의에 이르기 위해서 협상 당사자들이 서로 협력하는 것이다.

협력적 문제해결은 "Win-Win" 전략의 정신을 가지고 있다. 나도 잘되고, 상대방도 잘되어, 우리 모두가 잘되는 전략인 "I Win, You Win, We Win" 전략이다. 따라서 협상 당사자들은 자신들의 목적이나 우선순위에 대한 정보를 서로 교환하여 이를 통합하여 문제를 해결하고자 노력한다. 자신이 가지고 있는 것 가운데서 우선순위가 낮은 것에 대해서는 상대방에게 양보하는 협력적 과정을 통해서 문제해결을 위한 합의에 이르게 된다. 협력전략이 성공을 거두기 위해서는 협상 참여자들은 신뢰에 기반을 둔 협력을 진행해야 한다. 이를 신뢰적 협력전략이라고도 할 수 있다.

협력전략의 협상전술에는 협동적 원인탐색, 정보수집과 제공, 쟁점의 구체화, 대안 개발, 개발된 대안들에 대한 공동평가, 협동하여 최종안 선택 등의 단계로 이루어지며, 다음은 '윈-윈(Win-Win) 관리법'의 예이다.

- 1단계 : 충실한 사전 준비
  - 비판적인 패러다임 전환
  - 자신의 위치와 관심사 확인
  - 상대방의 입장과 드러내지 않은 관심사 연구
- 2단계 : 긍정적인 접근방식
  - 상대방이 필요로 하는 것에 대해 생각해 보았다는 점을 인정
  - 자신의 '윈윈의도' 명시
  - 윈윈 절차, 즉 협동적인 절차에 임할 자세가 되어있는지 알아보기
- 3단계 : 두 사람의 입장을 명확히 하기
  - 동의하는 부분 인정하기
  - 기본적으로 다른 부분 인정하기
  - 자신이 이해한 바를 점검하기
- 4단계 : 윈윈에 기초한 기준에 동의하기
  - 상대방에게 중요한 기준을 명확히 하기
  - 자신에게 어떠한 기준이 중요한지 말하기
- 5단계 : 몇 가지 해결책을 생각해내기
- 6단계 : 몇 가지 해결책 평가하기
- 7단계 : 최종 해결책을 선택하고, 실행하는 것에 동의하기

② 유화전략

유화전략(smoothing strategy)은 양보전략이며, 순응전략이며, 화해전략이며, 수용전략이며, 굴복전략이다. 상대방이 제시하는 것을 일방적으로 수용하여 협상의 가능성을 높이려는 전략이다. 상대방의 욕구와 주장에 자신의 욕구와 주장을 조정하고 순응시켜 굴복한다. 유화전략은 "Lose-Win" 전략

이다. 즉, 당신의 승리를 위해서 나는 손해를 보아도 괜찮다는 전략인 "I Lose, You Win" 전략이다.

유화전략은 협상으로 인해 돌아올 결과보다는 상대방과의 인간관계 유지를 선호하여 상대방과 충돌을 피하고자 할 때 사용할 수 있다. 상대방과의 우호관계를 중시하며 그 우호관계를 지속하기 위해서 자신의 입장이나 이익보다는 상대방의 이익과 입장을 고려하여 상대방에게 돌아갈 결과에 더 큰 관심을 가지고 상대방의 주장에 순순히 따르는 전략이다.

유화전략에 사용될 수 있는 전술에는 유화, 양보, 순응, 수용, 굴복, 요구사항의 철회 등이 있다.

③ 회피전략

회피전략(avoiding strategy)은 무행동전략이며, 협상 철수전략이다. 즉, 협상을 피하거나 잠정적으로 중단하거나 철수하는 전략이다. 회피전략은 "Lose-Lose" 전략이다. 즉 나도 손해 보고 상대방도 피해를 입게 되어 모두가 손해를 보게 되는 전략인 "I Lose, You Lose, We Lose" 전략이다.

회피전략은 상대방에게 돌아갈 결과나 자신에게 돌아올 결과에 대해서 전혀 관심을 가지지 않을 때 사용할 수 있고, 자신이 얻게 되는 결과나 인간관계 모두에 대해서 관심이 없을 때 상대방과의 협상을 거절할 수 있다. 시간과 노력을 투자할 필요가 없을 정도로 협상의 가치가 낮거나 협상을 중단하고자 하여 상대방을 심리적 압박감을 주어 필요한 양보를 얻어내고자 할 때, 또는 협상 이외의 방법으로 쟁점해결을 위한 대안이 존재할 경우에 회피전략을 사용할 수 있다. 또한 회피전략은 협상을 계속 진행하는 것이 자신에게 불리하게 될 가능성이 있을 때나 협상 상황이 자신에게 불리하게 전개되고 있을 때, 협상 국면을 전환시키고자 할 때 사용할 수 있다.

회피전략의 전술에는 협상을 회피, 무시, 상대방의 도전에 대한 무반응, 협상안건을 타인에게 넘겨주기, 협상으로부터 철수 등이 있다.

④ 강압전략

강압전략(forcing strategy)은 공격적 전략이며 경쟁전략이다. 자신이 상대방보다 힘에 있어서 우위를 점유하고 있을 때 자신의 이익을 극대화하기 위한 공격적 전략이다. 상대방의 주장을 무시하고 자신의 힘으로 일방적으로 밀어붙여 상대방에게 자신의 입장을 강요하는 전략이다. 강압전략은 "Win-Lose" 전략이다. 즉 내가 승리하기 위해서 당신은 희생되어야 한다는 전략인 "I Win, You Lose" 전략이다. 이로 인해 제로섬(zero-sum)의 결과가 산출될 수 있다.

명시적 또는 묵시적으로 강압적 위협이나 강압적 설득, 처벌 등의 무력시위 또는 카드 등을 사용하여 상대방을 굴복시키거나 순응시킨다. 자신의 주장을 확실하게 상대방에게 제시하고, 상대방에게 이를 수용하지 않으면 보복이 있을 것이며 협상이 결렬될 것이라는 등의 위협을 가하는 경우가 발생할 수 있다. 따라서 강압전략은 일방적인 의사소통으로 일방적인 양보를 받아낸다. 인간관계를 중요하게 여기지 않고 어떠한 수단 방법을 동원해서라도 자신의 입장과 이익 극대화를 관철시키는 것에만 관심이 있다. 협력전략과 반대로 강압전략은 합의도출이 어렵다. 상대방에 비해 자신의 힘이 강하고, 상대방과의 인간관계가 나쁘고, 상대방에 대한 신뢰가 전혀 없을 때, 자신의 실질적 결과를 극대화하고자 할 때 강압전략이 사용될 수 있다.

강압전략이 사용될 수 있는 협상전술로는 위압적인 입장 천명, 협박과 위협, 협박적 설득, 확고한 입장에 대한 논쟁, 협박적 회유와 설득, 상대방 입장에 대한 강압적 설명요청 등이 있다.

2) 협상에서 나타나는 실수와 그 대처방안

협상 전문가는 협상을 시작할 때부터 끝날 때까지 협상의 한계와 목적을 잃지 않으며, 시종 협상의 종결에 대해서 초점을 맞춘다. 흔히 협상의 실패는 협상을 진행하는 동안 저지르게 되는 실수로 인해 발생한다. 그런데 협상 전문가라면 그러한 실수에 대하여 어떻게 대처할까?

협상에서 주로 나타나는 7가지 실수와 그에 대한 효과적인 대처방안을 살펴보자.

협상의 실수	대처방안
1. 준비되기도 전에 협상을 시작하는 것	상대방이 먼저 협상을 요구하거나 재촉하면 아직 준비가 덜 되었다고 솔직히 말한다. 그리고 그런 때를 상대방의 입장을 묻는 기회로 삼는다. 협상준비가 되지 않았을 때는 듣기만 한다.
2. 잘못된 사람과의 협상	협상 상대가 협상에 대하여 책임을 질 수 있고 타결권한을 가지고 있는 사람인지 확인하고 협상을 시작한다. 상급자는 협상의 올바른 상대가 아니다. 최고책임자는 협상의 세부사항을 잘 모르기 때문이다.
3. 특정 입장만 고집하는 것(입장협상)	협상에서 한계를 설정하고 그다음 단계를 대안으로 제시한다. 상대방이 특정 입장만 내세우는 입장협상을 할 경우에는 조용히 그들의 준비를 도와주고 서로 의견을 교환하면서 상대의 마음을 열게 한다.
4. 협상의 통제권을 잃을까 두려워하는 것	협상은 통제권을 확보하는 것이 아니라 함께 의견 차이를 조정하면서 최선의 해결책을 찾는 것이다. 통제권을 잃을까 염려되면 그 사람과의 협상 자체를 고려해본다. 자신의 한계를 설정하고 그것을 고수하여 그런 염려를 하지 않게 된다.
5. 설정한 목표와 한계에서 빗어나는 것	한계와 목표를 잃지 않도록 그것을 기록하고, 기록된 노트를 협상의 길잡이로 삼는다. 그러나 더 많은 것을 얻기 위해 한계와 목표를 바꾸기도 한다.
6. 상대방에 대해서 너무 많은 염려를 하는 것	상대방이 원하는 것을 얻을까 너무 염려하지 말고, 협상을 타결 짓기 전에 자신과 상대방이 각기 만족할만한 결과를 얻었는지, 협상 결과가 현실적으로 효력이 있었는지, 모두 만족할만한 상황이 되었는시 확인한다.
7. 협상 타결에 초점을 맞추지 못하는 것	협상의 모든 단계에서 협상의 종결에 초점을 맞추고, 항상 종결을 염두에 둔다. 특정한 목적을 위해 협상을 하고 있기 때문에 목표가 가까이 왔을 때 쟁취하게 되는 것이다.

3) 상대방을 설득하는 방법

협상에 있어 상대방을 설득시키는 일은 필수적이다. 상대방을 설득시키는 방법은 상대방에 따라, 상황에 따라 매우 다양하다. 설득은 이성적인 요인도 있지만 감정적인 요인도 작용하기 때문이다.

① See-Feel-Change 전략

설득전략으로 'See(보고)-Feel(느끼고)-Change(변화한다)' 전략을 사용할 수 있다. 즉, 설득전략을 사용하여 갈등관리를 순조롭게 하고, 설득전략을 통해서 협상의 목적을 성공적으로 달성할 수 있다. 협상전략 관점에서 볼 때, 'See' 전략은 시각화하고 직접 보게 하여 이해시키는 전략이며, 'Feel' 전략은 스스로가 느끼게 하여 감동시키는 전략이며, 'Change' 전략은 변화시켜 설득에 성공한다는 전략이다.

See (시각화하여 이해시킨다.)	➡	Feel (느끼게 하여 감동시킨다.)	➡	Change (변화시켜 설득에 성공한다.)

② 상대방 이해 전략

협상 상대방을 설득하기 위해서는 설득에 장애가 되는 요인들을 척결해야 한다. 협상전략에 있어서 상대방 이해란 협상과정상의 갈등해결을 위해서 상대방에 대한 이해가 선행되어 있으면 갈등해결이 용이하다는 것이다.

예컨대 상사가 부하를 설득하기 위해서는 부하에 대한 이해가 선행되어야 한다. 경영자가 근로자들을 설득하기 위해서는 근로자들에 대한 이해가 선행되어야 하며, 부서 간의 갈등에 있어서도 상대방 부서를 설득하기 위해서는 상대방 부서에 대한 이해가 선행되어야 한다.

③ 호혜관계 형성 전략

호혜관계란 협상 당사자 간에 어떤 혜택들을 주고받은 관계가 형성되어 있으면 그 협상과정상의 갈등해결에 용이하다는 것이다.

예컨대 부처 간에 도움을 받으면 도움을 주어야 한다는 것이다. 이는 빚은 갚아야 한다거나 약속은 지켜야 한다는 것과 같은 사회적 의무에 관한 교육과 학습의 영향이다.

상사와 부하 간의 호의에 있어서, 이 호의에는 부하가 원했던 원치 안했던 관계없이 모든 호의가 이에 해당된다. 따라서 부하를 일단 빚진 상태로 만들면 된다. 즉 부하를 먼저 무언가를 도와주면 된다. 시민과의 관계에서도 마찬가지다. 정부는 시민에게 먼저 어떤 호혜를 베풀면 된다. 그렇게 되면 부하와 상사간 또는 시민과 정부 간에 호혜관계에 놓이게 된다.

평소에 이렇게 호혜관계를 잘 형성해 놓으면 차후에 어떤 정책을 추진할 때 다른 사람으로부터 협조를 잘 받아낼 수 있다.

④ 헌신과 일관성 전략

헌신과 일관성이란 협상 당사자 간에 기대하는 바에 일관성 있게 헌신적으로 부응하여 행동하게 되면 협상과정상의 갈등해결이 용이하다는 것이다. 헌신과 일관성이란 상대방의 기대에 헌신적이고 일관성 있게 부응하여 행동하는 것이다. 이는 일종의 습관 같은 것으로 반복하다가 보면 존재하지 않는 것도 존재하는 것처럼 착각해서 생기게 된다.

상사가 부하들에게 대하는 행동도 마찬가지로 적용된다. 사소한 습관에서부터 큰 것으로 지속적으로 진행해야 한다. 도중에 나쁜 습관을 이것저것 허락하게 되면 헌신과 일관성의 법칙이 깨어지기 때문에 부하들은 자신들도 모르는 사이에 나쁜 버릇을 가지게 된다.

⑤ 사회적 입증 전략

사회적 입증이란 어떤 과학적인 논리보다도 동료나 사람들의 행동에 의해서 상대방 설득을 진행하는 것이 협상과정상의 갈등해결이 더 쉽다는 것이다.

사회적 입증이란 사람은 과학적 이론보다 자신의 동료나 이웃의 말이나 행동에 의해서 쉽게 설득된다는 것과 관련된 기술이다. 광고에서 말하는 소위 '입소문'을 통해서 설득하는 것이 광고를 내보내서 설득하는 것보다 더 효과가 있다는 것이다.

⑥ 연결 전략

연결이란 협상과정상의 갈등상태가 발생했을 때 그 갈등문제와 갈등관리자를 연결하는 것이 아니라 그 갈등을 야기한 사람과 관리자를 연결하면 갈등해결이 용이해 진다는 것이다.

연결이란 제품(예컨대 정부정책)과 자신을 연결하는 것이 아니라 그 제품을 판매(예컨대 집행)하는 사람과 자신을 연결한다는 것이다. 따라서 어떤 정책을 집행할 때 그 정책에 이해관계를 가진 집단들에게 우호적인 사람으로 하여금 집행하게 되면 그 정책으로 인해 발생하는 갈등을 용이하게 해결할 수 있다는 것이다. 따라서 연결기술을 효과적으로 사용하기 위해서는 우호적이거나 좋은 이미지, 협력적인 행정이나 정책들을 사용하여 다른 사람을 설득시키는 것이 용이하다.

⑦ 권위 전략

권위란 직위나 전문성, 외모 등을 이용하면 협상과정상의 갈등해결에 도움이 될 수 있다는 것이다. 설득기술에 있어서 권위란 직위, 전문성, 외모 등에 의한 기술이다. 사람들은 자신보다 더 높은 직위, 더 많은 지식을 가지고 있다고 느끼는 사람으로부터 설득당하기가 쉽다. 계장의 말씀보다 국장의 말씀에 더 권위가 있고 설득력이 높다. 비전문가보다 전문가의 말에 더 동조하게 된다. 전문성이 있는 사람이 그렇지 않은 사람보다 더 권위가 설득력이 있다.

⑧ 희소성 해결 전략

희소성이란 인적, 물적 자원 등의 희소성을 해결하는 것이 협상과정상의 갈등해결에 용이하다는 것이다. 그러나 이 희소성의 문제는 그 희소한 것을 강력히 소유하고자 하는 사람 또는 집단들의 소유욕이 있을 때에 한해서 통용된다. 즉 아무리 자원이 희소하더라도 그것을 소유하고자 하는 사람이 없으면 그 희소성으로 인해서 갈등이 야기되지 않는다는 것이다. 사람들은 시간적으로 희소하고 사회경제적으로 희소한 것 등에 대해서 더 강력히 소유하고자 하는 큰 욕구를 가지고 있을 때 목숨을 걸 정도로 설득을 잘 당한다는 것이다.

⑨ 반항심 극복 전략

반항심이란 협상과정상의 갈등관리를 위해서 자신의 행동을 통제하려는 상대방에게 반항한다는 것에 관련된 것이다. 로미오와 줄리엣 효과는 희소성과 반항 심리를 잘 묘사하고 있다. 부모들의 '하지 마라'라는 반대가 연인들로 하여금 반항 심리를 불러일으켜 더 깊은 사랑을 하게 만든다. 부모들의 반대가 심화되면 될수록 로미오와 줄리엣에게 희소성이 더욱 강화되고 반항심을 더욱 자극하여 더 깊은 사랑에 빠지게 만들고 결국엔 자살로 이어진다는 것이다.

부하나 시민들을 설득하는데도 마찬가지이다. 억압하면 할수록 더욱 반항하게 될 가능성은 높아진다. 부하나 시민들을 비난하거나 부정하는 말이나 행동으로 설득시키려 하면 부하나 시민들로 하여금 반항 심리를 유발시켜 설득에 실패하게 될 확률이 높다.

학습정리

1. 협상이란 갈등상태에 있는 이해당사자들이 대화와 논쟁을 통해서 서로를 설득하여 문제를 해결하려는 정보전달과정이자 의사결정과정이다.

2. 협상과정은 관점에 따라 다양한 형태로 언급될 수 있다. 협상과정은 ① 협상시작 ② 상호이해 ③ 실질이해 ④ 해결방안 ⑤ 합의문서 등의 5단계로 구분할 수 있다.

3. 협상에 활용되는 전략은 다양하다. 대체로 협상전략은 ① 협력전략 ② 유화전략 ③ 회피전략 ④ 강압전략 등으로 구분할 수 있다. 협력전략은 "Win-Win" 전략, 유화전략은 "Lose-Win" 전략, 회피전략은 "Lose-Lose" 전략, 강압전략은 "Win-Lose" 전략으로 요약할 수 있다.

4. 협상에 있어 상대방을 설득하는 일은 필수적이다. 상대방을 설득시키기 위해 활용할 수 있는 전략으로는 ① See-Feel-Change 전략 ② 상대방 이해 전략 ③ 호혜관계 형성 전략 ④ 헌신과 일관성 전략 ⑤ 사회적 입증 전략 ⑥ 연결 전략 ⑦ 권위 전략 ⑧희소성 해결 전략 ⑨ 반항심 극복 전략 등이 있다.

09
CHAPTER

조직이해 능력

01 조직의 개념
02 조직의 유형
03 조직이해 능력의 이해
04 조직과 나와의 관계

학습목표

1. 조직의 개념을 설명할 수 있다.
2. 조직의 유형을 설명할 수 있다.
3. 조직이해 능력에 대해 설명할 수 있다.

사람들은 다양한 조직 속에서 살아간다. 모든 사람은 하나 이상의 조직에 속해 있으며, 조직에 영향을 미치거나 받고 있다. 따라서 프레스더스(Presthus)는 현대사회를 '조직 사회(organizational society)'라고 하였다. 오늘날 사회가 급변하면서 많은 조직들이 생성되거나 변화하여 조직이 인간 생활에서 차지하는 비중은 더욱 커지고 있다.

01 조직의 개념

조직은 짤 조(組) 자와 짤 직(織) 자가 결합한 말로 실로 짜고 엮는다는 뜻이다. '실'이 갖는 의미는 여러 가지 있지만 쉽게 연상되는 것은 끈이나 줄로써 무엇과 무엇을 연결한다든지 묶는다든지 해서 이어주는 관계성(relation)이 중심개념이 된다. 조직의 사전적 정의는 특정한 목적을 달성하기 위해 여러 개체나 요소를 모아서 체계 있는 집단을 이루는 것을 말한다. 영어의 어원은 조직(organization)의 어원은 organ(기관)이다. 기관은 우리 신체의 폐, 심장, 위등과 같이 어떤 생명체를 살아있게 하는데 필수적인 '기능'을 수행하는 일부분이고, organization은 이러한 기관들의 집합체이다. 조직은 단순한 집합체가 아니라 존재 목적을 갖고 그 목적을 달성할 수 있도록 각 organ들이 하나의 시스템으로 설계되고 구성된 것이다. 그렇기 때문에 서양 개념의 조직에서는 구성원(organ)의 기능과 역할, 기능성이 항상 중심 개념이 되고 하나의 시스템 내에서 기능발휘 여부가 평가 척도가 된다. 왜냐하면 신체에서 폐가 그 기능이 저하되거나 정지된다는 것은 한 생명체의 기능이 저하되거나 죽음에 이르게 되듯이 기업조직에서도 마찬가지이기 때문이다.

이처럼 어원에서 보면 서양의 organization은 기능성이 중심개념이고 동양의 조직은 관계성이 중심개념으로 대비되는데 실제로 기업조직을 운영하고 관리하는 데 있어서 서양 특히 미국식경영에서는 기능중심의 조직운영이 되고 있고, 동양 특히 일본이나 우리나라에서는 관계중심의 조직운영이 되고 있는 것이 사실이다. 그래서 서양조직이 기계적이고 능률지향이며 덜 인간적이라면 동양은 인간적이기는 하지만 덜 능률적이고 혈연, 지연, 학연 등 인연을 상당히 중시하는 풍토가 짙은 편이다.

조직은 두 사람 이상이 모여서, 서로 연결되어 상호작용을 해 나가며, 공동의 목표를 달성하는 모임이나 그룹을 의미한다. 그러나 단순히 사람들이 모였다고 해서 조직이라고 하지는 않는다. 조직은 목적을 가지고 있고, 구조가 있으며, 목적을 달성하기 위해 구성원들은 서로 협동적인 노력을 하고, 외부 환경과 긴밀한 관계를 가지고 있다. 조직은 일반적으로 재화나 서비스의 생산이라는 경제적 기능과 조직구성원들에게 만족감을 주고 협동을 지속시키는 사회적 기능을 갖는다. 사람들은 조직에 속하거나 다른 조직에서 생산한 상품이나 서비스를 이용하고, 다른 조직과 함께 일을 하면서 관계를 맺는다.

특히, 현대사회에서 인간의 생활은 조직 내에서 또는 조직과의 관계 속에서 이루어진다. 특히 직업인으로서 조직이란 직장을 의미한다. 직장은 사람들이 일을 하는 데 필요한 물리적 장소이며 심리적 공간이다. 물리적 장소란 외형적으로 건물의 형태를 가지고 있는 것을 의미하며, 자신의 업무를 처리하는 활동영역이다. 심리적 공간으로서 직장은 직업인들이 일을 하면서 만족을 얻기도 하고, 좌절감을 경험하기도 하는 무형의 공간이다.

02 조직의 유형

우리 주위에서 볼 수 있는 조직으로는 정부, 기업, 학교, 병원, 군대, 가정, 경찰서, 연구소, 시민단체, 종교단체, 노동조합 등이 있다. 이러한 조직들은 어떠한 기준으로 구분할 수 있을까? 조직의 유형을 구분하는 것은 조직의 성격과 활동을 이해하는데 좋은 나침반이 된다.

먼저 조직은 공식화 정도에 따라 공식조직(formal organization)과 비공식조직(informal organization)으로 구분할 수 있다. 공식조직은 조직의 구조, 기능, 규정 등이 조직화되어 있는 조직을 의미하며, 비공식조직은 개인들의 협동과 상호작용에 따라 형성된 자발적인 집단 조직이다. 비공식조직은 인간관계에 따라 형성된 것으로, 조직이 발달해 온 역사를 보면 비공식조직으로부터 공식화가 진행되어 공식조직으로 발전해 왔다. 조직의 규모가 커지면서 점차 조직구성원들의 행동을 통제할 장치를 마련하게 되었고 이는 공식화되게 된다. 그러나 공식조직 내에서 인간관계를 지향하면서 비공식조직이 새롭게 생성되기도 한다. 이는 자연스러운 인간관계가 됨에 따라 일체감을 느끼고, 바람직한 가치체계나 행동유형 등이 공유되면서 하나의 조직문화가 되어 공식조직의 기능을 보완해주기도 한다.

또한, 조직은 영리성을 기준으로 영리조직과 비영리조직으로 구분할 수 있다. 영리조직은 기업과 같이 이윤을 목적으로 하는 조직이며, 비영리조직은 정부조직을 비롯하여 공익을 추구하는 병원, 대학, 시민단체, 종교단체 등이 해당한다.

조직을 규모로 구분하여 보았을 때, 가족 소유의 상점과 같이 소규모 조직도 있지만 대기업과 같이 대규모 조직도 있으며, 최근에는 다국적 기업도 증가하고 있다. 다국적 기업이란 동시에 둘 이상의 국가에서 법인을 등록하고 경영활동을 벌이는 기업으로 대표적으로 테슬라, 스타벅스, 나이키, 맥도날드 등이 있으며 우리나라 기업으로는 삼성전자, LG전자, 현대자동차, 포스코 등이 해외법인을 등록하고 활동하고 있다(그림 9.1).

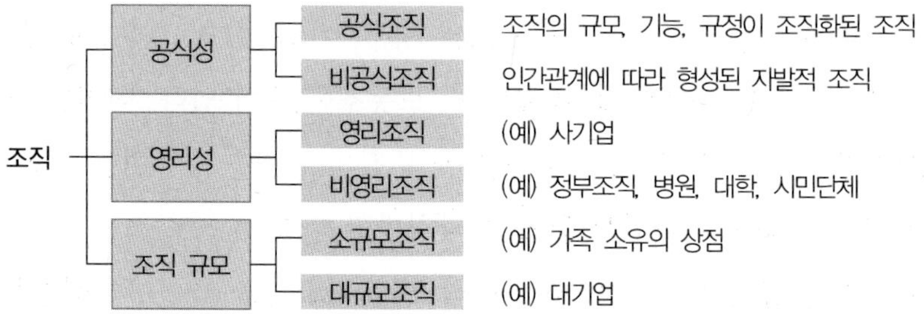

그림 9-1 조직의 분류

03 조직이해 능력의 이해

조직이해 능력은 왜 필요한 것일까? 직업인들은 깨어있는 시간의 대부분을 직장에서 보내거나, 자신의 직업과 관련 있는 사람들을 만난다. 직업인은 한 조직의 구성원이 되기도 하지만, 업무를 처리하는 중에 다른 조직의 고객이 되기도 한다. 직업인들은 이처럼 조직에서 일을 한다. 일의 종류와 내용은 조직마다, 개인마다 다르지만, 사람들은 자신이 좋아하는 일을 하고 싶어 하며, 더 잘하고 싶어 한다. 조직에서 자신에게 주어진 일을 성공적으로 수행하기 위해서는 우리는 조직이 돌아가는 기본적인 원리를 알아야 한다. 따라서 직업인들은 자신의 업무를 효과적으로 수행하기 위하여 국제적인 동향을 포함하여 조직의 체제와 경영에 대해 이해하는 조직이해 능력을 기를 필요가 있다.

개개인을 안다고 조직의 실체를 완전히 알 수 있는 것은 아니다. 구성원들을 연결하는 조직의 목적, 구조, 환경 등을 알아야 조직을 제대로 이해할 수 있게 되며, 업무성과도 높일 수 있다.

조직의 규모가 작다면 공통된 목적과 조직의 구조를 이해하고 서로 도움을 주고받는 것이 별도의 노력 없이 가능할 수도 있지만, 조직의 규모가 커지게 되면 구성원 간의 정보를 공유하고 하나의 방향으로 나아가 최상의 성과를 창출하는 것이 어렵게 된다. 그래서 많은 기업들은 신입사원들에게 자신의 조직목표와 체제를 이해시키는 데 많은 시간과 관심을 기울이고 있다. 조직의 구성원이 개인의 업무성과를 높이고 나아가 조직 전체의 경영효과를 높이기 위해서는 개개인과 긍정적인 인간관계를 갖는 것뿐만 아니라 조직의 체제와 경영원리를 이해하는 것이 중요하다.

조직이해 능력은 조직의 경영과 체제를 이해하고 이에 기초하여 자신의 업무특성을 파악하며 국제적인 감각을 기르는 능력이다. 조직은 단순히 개인의 합이 아닌 하나의 유기체로서 공동의 목표를 지향한다. 따라서 조직의 목표를 달성하는데 기여할 수 있도록 자신이 속한 조직의 경영원리와 전체 체제 내에서 조직을 이해하는 능력을 함양하는 것은 필수적이다. 또한 최근에는 조직을 둘러싸고 있는 환경이 끊임없이 변화하고 있으며, 그 변화의 속도가 점점 빨라지고 있다. 이에 따라 직업인에게는 국제환경을 비롯하여 조직에 영향을 미치는 환경변화를 인지할 수 있는 능력이 요구된다. 직업이해능력으로서의 조직이해 능력은 체제이해능력, 경영이해 능력, 업무이해 능력, 국제 감각으로 구분된다(표 9.1).

표 9-1 직업기초능력으로서의 조직이해 능력

하위능력	하위능력 개념
체제이해 능력	조직의 구조와 목적, 체제 구성요소, 규칙, 규정 등을 이해하는 능력
경영이해 능력	직업인이 자신이 속한 조직의 경영목표와 경영방법을 이해하는 능력
업무이해 능력	기본적인 직장생활에 필요한 기술을 선택하는 능력
국제 감각	직장생활을 하는 동안에 다른 나라의 문화를 이해하고 국제적인 통합을 하는 능력

출처: 산업인력관리공단(2007).

04 조직과 나와의 관계

개인과 조직은 유기적인 관계를 맺고 있기 때문에 하나가 잘못되면 다른 하나는 영향을 받게 된다. 개인은 조직에 필요한 지식, 기술, 경험 등 개인이 갖고 있는 여러 가지 자원을 제공한다. 조직은 구성원들이 해야 할 일을 정해 주고, 개인은 조직이 정해준 범위 내에서 업무를 수행한다. 조직의 목표에 어긋나거나 정해준 범위 외의 업무를 성취하게 되면, 오히려 조직에 불이익을 미치게 된다. 이처럼 조직의 목표달성에 필요한 업무를 성취할 수 있는 개인의 역량(competency)이 중요하며, 이러한 개인별 역량의 결과가 조직의 성과로 이어진다.

개인이 자신의 역량을 활용하여 조직에 여러 가지 공헌을 하게 되면, 조직은 개인에게 보상을 제공한다. 이는 연봉, 성과급과 같은 물질적 보상과 인정, 칭찬 등과 같은 비물질적 보상이 있다. 또한, 조직이 직접적으로 제공하는 보상은 아니지만, 개인은 성공적으로 업무를 수행했을 때에 만족감을 느끼고 조직에 더욱 몰입하게 된다. 최근에는 많은 조직에서 구성원들의 참여를 통해 조직의 목표를 자신의 목표로 내면화하도록 하여, 목표달성에 대한 의지를 높이고 있다(그림 9.2).

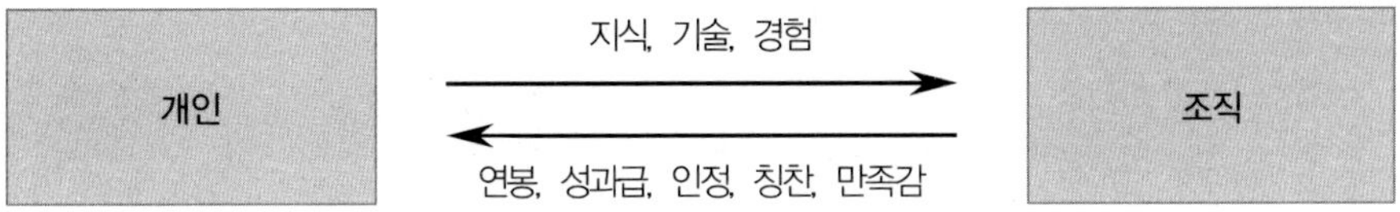

그림 9-2 개인과 조직과의 관계

직업이란 일정한 지식과 기술을 가지고 장시간에 걸쳐 종사하는 일이다. 사람들이 조직에 들어와서 오랫동안 조직으로부터 주어진 업무를 수행하다 보면 그 일은 하나의 직업이 된다. 조직은 개인의 적성이나 능력을 고려하여 개인에게 적합한 업무를 부여하거나 교육시키고, 새로운 사람을 선발하기도 한다. 개인들은 직업인으로서 조직의 업무에 적응하기 위하여 조직의 경영, 체제와 자신의 업무를 이해하고자 노력한다.

활동

나는 내가 속한 조직을 얼마나 이해하고 있을까? 내가 속한 조직들 가운데 하나를 선택하고 해당 조직의 홈페이지를 방문하거나 안내 책자를 구입하여 조직의 비전, 미션, 목표, 구조, 관련 규정 등을 작성해 보자.

비전 / 미션	
목표	
구조	
조직이나 규정	

학습정리

1. 개인들의 삶은 조직과 밀접하게 이루어지며, 조직이란 두 사람 이상이 공동의 목표를 달성하기 위해 의식적으로 구성된 상호작용과 조정을 행하는 행동의 집합체이다.

2. 조직은 공식화 정도에 따라서 공식조직과 비공식조직으로 구분할 수 있으며, 사기업과 같이 영리를 추구하는 영리조직과 정부조직과 같은 비영리조직으로도 구분할 수 있다. 또한 조직의 규모에 따라 소규모 조직과 대규모 조직으로 나눌 수 있다.

3. 조직은 외부로부터 끊임없이 영향을 받으며 목적, 체제, 구조와 같은 다양한 요소로 구성된다. 따라서 일 경험을 할 때, 여러 국면에서 조직을 이해해야 조직 전체의 경영효과를 높이는 데 기여할 수 있다.

4. 일 경험을 위해 조직 전체의 체제에서 자신이 속한 위치를 확인할 수 있어야 한다. 따라서 체제를 구성하는 조직목표, 조직구조, 조직문화, 조직의 규칙이나 규정을 이해하고 전체 조직의 목적 달성에 합목적적으로 행동할 수 있어야 한다.

10
CHAPTER

조직구조와 조직문화

01 조직목표
02 조직구조
03 조직구조의 형태
04 조직문화

학습목표

1. 조직목표를 설명할 수 있다.
2. 조직구조를 설명할 수 있다.
3. 조직구조의 형태에 대해 설명할 수 있다.
4. 조직문화에 대해 설명할 수 있다.

01 조직목표

1) 조직목표의 기능 및 특징

조직목표는 공식적 목표와 실제적 목표가 다를 수 있다. 조직이 존재하는 이유와 관련된 조직의 사명과 사명을 달성하기 위한 세부목표를 가지고 있다. 조직의 사명은 조직의 비전, 가치와 신념, 조직의 존재 이유 등을 공식적인 목표로 표현한 것이다.

세부목표 혹은 운영목표는 조직이 실제적인 활동을 통해 달성하고자 하는 것으로 사명에 비해 측정 가능한 형태로 기술되는 단기적인 목표이다. 조직의 사명은 조직이 존재하는 정당성과 합법성을 제공하는 데 반해, 운영목표는 조직이 나아갈 방향을 제시하고 조직구성원들이 여러 가지 행동 대안 가운데서 적합한 것을 선택하고 의사 결정할 수 있는 기준을 제시한다.

조직목표는 조직구성원들이 공통된 조직목표 아래서 소속감과 일체감을 느끼고 행동수행의 동기를 가지게 하며, 조직구성원들의 수행을 평가할 수 있는 기준이 된다. 또한 조직구조나 운영과정과 같이 조직체제를 구체화할 수 있는 기준이 된다. 다음은 조직목표의 기능이다.

- 조직이 존재하는 정당성과 합법성 제공
- 조직이 나아갈 방향 제시
- 조직구성원 의사결정의 기준
- 조직구성원 행동수행의 동기유발
- 수행평가 기준
- 조직설계의 기준

조직은 다수의 조직목표를 추구할 수 있다. 이러한 조직목표들은 위계적 상호관계가 있어서 서로 상하관계에 있으면서 영향을 주고받는다. 또한, 조직목표들은 조직의 구조, 조직의 전략, 조직의 문화 등과 같은 조직체제의 다양한 구성요소들과 상호관계를 가지고 있다. 그런데 이러한 조직목표들은 한번 수립되면 달성될 때까지 지속되는 것이 아니라 환경이나 조직 내의 다양한 원인들에 의하여 변동되거나 없어지고 새로운 목표로 대치되기도 한다. 조직목표가 수정되거나 새로운 목표가 형성되는 데 영향을 미치는 조직 내적 요인으로는 조직리더의 결단이나 태도변화, 조직 내 권력구조 변화, 목표형성과정 변화 등이 있으며, 외적 요인으로는 경쟁업체의 변화, 조직자원의 변화, 경제정책의 변화 등이 있다.

02 조직구조

조직은 두 사람 이상이 모여서, 서로 연결되어 상호작용을 해 나가며, 공동의 목표를 달성하는 모임이나 그룹을 의미한다. 기업을 경영하고 운영하는 일은 개인 혼자서는 할 수 없는 일이기 때문에, 여러 사람이 모여서 함께 일을 하게 된다. 여기서 효율적으로 일을 하기 위해 필요한 것이 바로 조직구조다. 어떤 구성원을 배치하고, 어떤 업무를 부여하고, 어떤 업무 방식을 채택할 것인가를 결정하는 것이 기업에서의 조직구조이며, 조직구조에 의해 조직의 효율성이 결정된다.

직업인들은 자신에게 주어진 업무를 혼자서만 수행할 수 없으며, 조직의 구성원들과 상호작용할 필요가 있다. 이때, 자신이 속한 조직구조의 특징을 모르면, 자신에게 주어진 업무의 범위와 권한이 어디까지, 자신이 필요로 하는 정보를 누구에게 얻어야 할지, 어떤 방식으로 구해야 할지 알지 못하게 된다.

1) 조직구조의 구분

조직구조는 의사결정 권한의 집중 정도, 명령계통, 최고경영자의 통제, 규칙과 규제의 정도 등에 따라 기계적인 조직과 유기적인 조직으로 구분할 수 있다. 기계적 조직은 구성원들의 업무가 분명하게 정의되고 많은 규칙과 규제들이 있으며, 상하 간 의사소통이 공식적인 경로를 통해 이루어지고 엄격한 위계질서가 존재한다. 대표적인 기계적 조직으로는 군대가 있다.

유기적 조직은 의사결성 권한이 조직의 하부구성원들에게 많이 위임되어 있으며 업무 또한 고정되지 않고 공유 가능한 조직이다. 유기적 조직에서는 비공식적인 상호의사소통이 원활히 이루어지며, 규제나 통제의 정도가 낮아 변화에 따라 쉽게 변할 수 있는 특징을 가진다(그림 10.1).

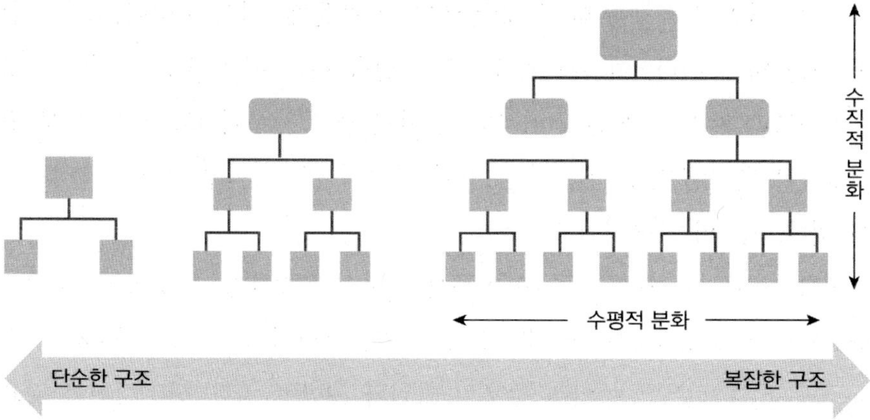

그림 10-1 조직구조의 구분

2) 조직구조의 변화

① 조직구조 결정요인

조직구조 결정요인으로 조직전략은 조직의 목적을 달성하기 위하여 수립한 계획으로 조직이 자원을 배분하고 경쟁적 우위를 달성하기 위한 주요 방침이다. 따라서 조직의 전략이 바뀌게 되면 구조가 바뀌게 된다. 소규모조직과 대규모조직은 다른 조직구조를 가지게 된다. 대규모조직은 소규모조직에 비해 업무가 전문화, 분화되어 있고 많은 규칙과 규정이 존재하게 된다. 기술은 조직이 투입요소를 산출물로 전환시키는 지식, 기계, 절차 등을 의미하며, 소량생산기술을 가진 조직은 유기적 조직구조를, 대량생산기술을 가진 조직은 기계적 조직구조를 가진다. 조직은 환경의 변화에 적절하게 대응해야 하므로 환경에 따라 조직의 구조가 달라진다. 안정적이고 확실한 환경에서는 기계적 조직이 급변하는 환경에서는 유기적 조직이 적합하다(그림 10.2).

기업은 환경 변화에 따라 발 빠르게 대응하게 대응하기 위해 수시로 새로운 경영전략을 만들고 실행한다. 새로운 경영전략을 실행하면 관리상의 문제가 발생할 수 있기 때문에 기존 조직의 형태를 변경하는 작업을 같이 수행한다.

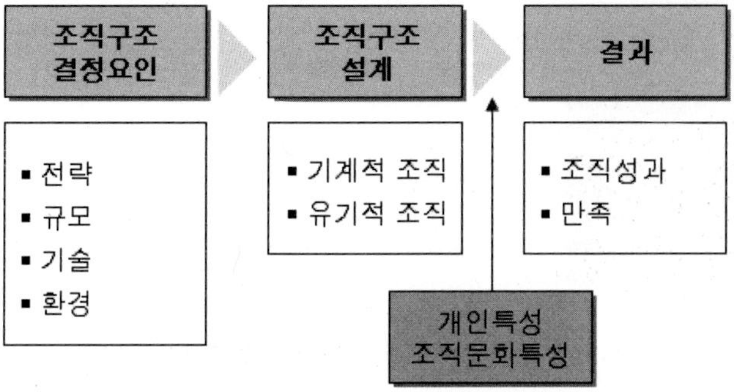

그림 10-2 조직구조에 영향을 미치는 요인

② 조직구조 설계

기업에서 조직 구성 과정을 보면 일반적으로 3단계의 설계과정을 거친다. 먼저 기업에서 해야 할 일, 업무나 과업을 최소단위로 분할한다. 큰 업무를 작은 업무 덩어리로 쪼개는 것이다. 분할 과정 이후에는 이 작은 업무 단위들을 원칙에 맞추어 통합한다. 여기서 통합한다는 것은 업무들이 자연스럽게 다음 업무로 이어질 수 있도록 순서를 맞춘다는 것이다. 조각, 조각 나뉘어 있는 업무들을 최대의 업무 성과를 얻을 수 있는 형태로 그룹화하고 순서를 부여한다. 마지막으로 각각의 업무에 적합한 사람들을 배치하여 담당자들이 스스로 책임지고 일을 하게끔 업무를 배분해주면 조직 구성이 끝나게 된다. 따라서 기업의 조직은 분업화-통합화-분권화의 설계과정을 거쳐 만들어 진다(그림 10.3).

1단계	**분업화(업무의 분할)** • 수평적 분업 : 생산공정을 여러 개의 단위 작업으로 분업 • 수직적 분업: 업무를 계획기능과 실행기능으로 분리
2단계	**통합화(업무의 연결)** • 업무를 규정과 방침에 의해 조화롭게 연결 • 공식화를 통한 업무 통합
3단계	**분권화(업무의 배분)** • 의사결정권 및 권한 배분 • 업무 복잡성과 환경 가변성이 높을수록 업무 분권도 높음

그림 10-3 조직구조 설계

읽을거리

삼성전자의 조직구조

오늘날 세계적인 기업이 된 삼성전자도 그 시작은 1969년 1월에 설립된 삼성전자공업이며, 1970년부터 백색가전 제품 및 AV 기기를 생산하기 시작했다. 그렇다면 그 당시의 조직과 지금의 조직과는 어떤 차이가 있을까? 결론부터 말하면, 삼성전자의 조직구조는 당시의 경영전략에 맞게 지속적으로 변화해왔다.

삼성전자는 사업 초기에 가전제품을 생산, 판매하는 직능별 조직구조를 가졌다. 직능별 조직은 사장의 관리하에 생산부문, 판매부문, 인사부문, 재무부문 등 업무 내용별로 부서를 만들어 그것을 사장이 관리하는 조직이었다. 이후 반도체 사업, 휴대 전화기 사업 등 다양한 영역으로 사업을 확장하면서 오늘날의 구조인 사업부제 조직으로 변화하였다. 사업부제 조직은 제품이나 사업별로 사업부를 만들어 운영하는 형태이다.

사업부 안에 있는 직능별 조직에 대한 의사결정 권한은 사업부장에게 있다. 그 위에 각 사업부를 관리하는 본사가 있어서 본사가 기업의 전체적인 사항에 대해 의사결정을 내리는 구조가. 하지만 이 사업부제 조직도 오늘날의 치열한 경쟁에 맞추어 진화하고 있다.

출처: 고형일(2019). 비전공자를 위한 경영학 수업, 대림북스.

출처: 전진우, 삼성전자 조직도, 뉴시스 2020
https://newsis.com/view/?id=NISI20201202_0000648255

03 조직구조의 형태

조직도를 살펴보면 조직 내적인 구조는 볼 수 없지만 구성원들의 임무, 수행하는 과업, 일하는 장소 등과 같은 일하는 방식과 관련된 체계를 알 수 있으므로 한 조직을 이해하는 데 유용하다. 조직도를 통해 조직이 어떻게 구성되어 있는지를 알 수 있고, 조직에서 하는 일은 무엇이며, 조직구성원들이 어떻게 상호작용하는지를 파악할 수 있다. 대부분의 조직은 조직의 CEO가 조직의 최상층에 있고, 조직구성원들이 단계적으로 배열되는 구조를 가지고 있다(그림 10.4, 10.5).

그림 10-4 대학의 조직도

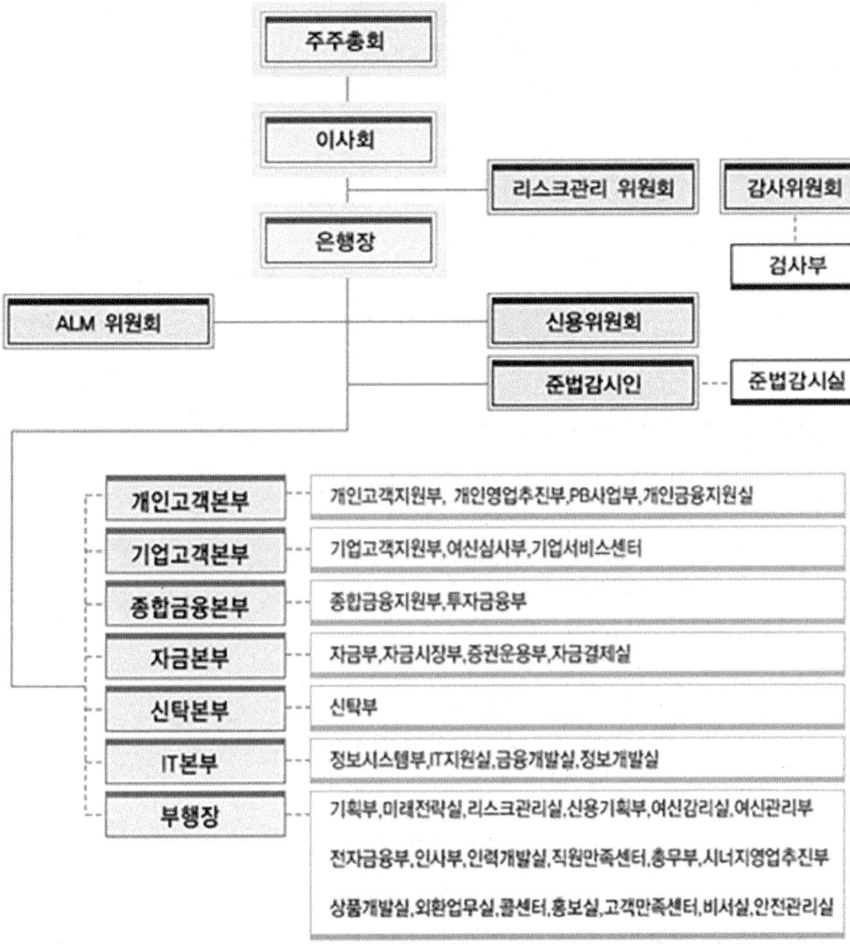

그림 10-5 은행의 조직도

① 기능적 조직구조

모든 조직구조 형성의 기본 요소로 전체 조직을 업무의 내용이 유사하고 관련성이 있는 것들을 결합해서 기능별 분류에 따라 배치하는 것이다. 환경이 안정적이거나 일상적인 기술, 조직의 내부 효율성을 중요시하며 기업의 규모가 작을 때에 적합하며 기업의 규모가 클 때에는 최고경영자의 권한유지를 촉진한다(표 10.1, 그림 10.6).

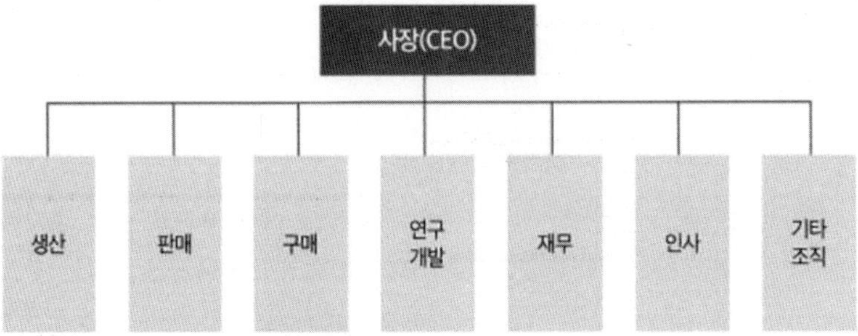

그림 10-6 기능적 조직구조

표 10-1 기능적 조직구조의 장단점

구분	내용
장점	• 각 기능별 규모의 경제 획득 • 각 기능별 기술개발용이 • 기능목표 달성 가능 • 중간 이하 규모의 조직에 적합 • 소품종 생산에 효과적
단점	• 환경변화에 대한 대응이 늦음 • 최고경영자의 의사결정이 지나치게 많음 • 부문 간 상호조정 곤란 • 혁신이 곤란 • 전체 조직목표에 대한 제한된 시각

② 사업별 조직구조

급변하는 환경변화에 효과적으로 대응하고 제품, 지역, 고객별 차이에 신속하게 적응하기 위하여 분권화된 의사결정이 가능한 사업별 조직구조를 가지게 되었다. 사업별 조직구조는 조직이 개별 제품, 서비스, 제품그룹, 주요 프로젝트나 프로그램 등에 따라 조직화하여 본사로부터 필요한 권한을 부여받아 이익책임단위로서 각각 자율적으로 구매, 생산, 판매활동을 수행하는 분권된 조직이다. 사업별 조직구조는 환경이 비교적 안정된 시장과 제품을 가지고 있기 때문에 상대적으로 단순하고 안정적인 환경에서 운영되고 규모가 큰 대규모 조직에서 볼 수 있으며, 제한된 수직적 분권화 구조 형태를 보인다. 그림과 같이 제품에 따라 조직이 구성되고 각 사업별 구조 아래 생산, 판매, 회계 등의 역할이 이루어진다(표 10.2, 그림 10.7).

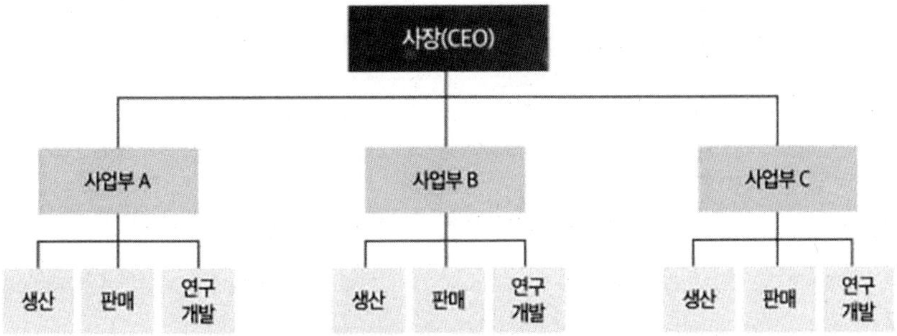

그림 10-7 사업별 조직구조

표 10-2 사업별 조직구조의 장단점

구분	내용
장점	• 제품, 서비스에 대한 모든 책임을 사업부 책임자에게 부과함으로써 목표달성의 수단보다 성과에 초점을 맞출 수 있다. • 본사의 임원들로 하여금 일상적인 업무에서 벗어나 장기적인 경영문제에 관심을 갖도록 만들어 준다. • 각 사업부가 하나의 독립된 사업체로서 자율적으로 이루어짐으로써 한 부서의 사업실패가 다른 사업부에 영향을 주지 않는다. • 고객의 세분화, 시장에서의 치열한 경쟁, 의사결정의 신속성, 고객과 시장 수요변화에 대응력이 요구되는 사업 분야에 효율적이다.
단점	• 전사적 차원에서의 새로운 전략개발 및 실천 곤란 • 각 사업부마다 기능이 중복되어 있어 조직의 비용증대를 가져오고 능률을 감소시킨다. • 사업부들 사이의 협력이 어렵다. • 각 사업부가 별도의 직능 부분을 갖기 때문에 기능적 전문화의 이점을 누릴 수 없다.

③ 매트릭스 조직구조

매트릭스 조직구조는 경영활동을 기능부문으로 전문화시키면서 전문화된 부문들을 프로젝트로 통합시킬 단위를 갖기 위한 조직적 요구를 수용하기 위해 고안된 조직이다. 매트릭스 조직구조는 기능별 부서의 관리자와 프로젝트 관리자에게 보고해야 하는 두 사람의 상사체계를 가지고 있어 상사들은 명령에서 발생하는 일관성 결여를 막기 위해 서로 협력하여야 한다.

미국에서 1969년에 인류를 달에 보내는 아폴로 계획을 세웠을 때 NASA가 기업에 프로젝트 조직을 도입할 것을 권장했다. 직능별 수직 조직에 프로젝트별 매니저를 군데군데 끼워 프로젝트 관리를 강화한 것으로 이는 매트릭스 조직으로 정착했다.

매트릭스 조직구조는 환경의 불확실성이 매우 높고 조직의 목표가 기능부문과 제품부문을 동시에 중요시하는 경우에 적합하다. 환경의 변화에 신속히 대처하기 위한 원활한 의사소통이 가능하며, 각 부문 간의 조정을 효과적으로 촉진시키고 두 부문 관리자 사이에 권한의 균형을 확보할 수 있도록 한다. 기술이 비일상적이며 각 기능 간 또는 기능 내부의 상호의존성이 있을 때에도 적합하다. 매트릭스 조직은 예측하기 어려운 문제에 대한 적응 및 해결을 용이하게 해주는 유기적 구조의 조직이다(표 10.3, 그림 10.8).

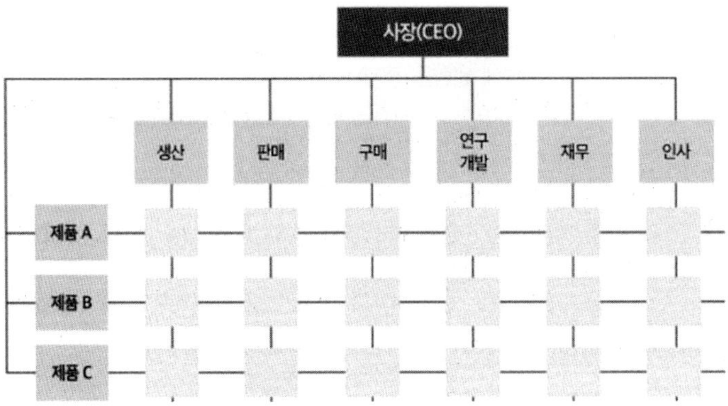

그림 10-8 **매트릭스 조직구조**

표 10-3 매트릭스의 조직구조 장단점

구분	내용
장점	• 조직의 다양한 활동을 조정하고 전문 요원을 능률적으로 배분함으로써 규모의 경제에서 오는 이익을 얻게 된다. • 환경변화에 신속하게 대응하고 미래의 기술 능력을 개발할 수 있다. • 자율적인 규범과 일치되는 환경의 제공으로 조직 구성원의 동기유발을 촉진시킬 수 있다.
단점	• 조직구조 자체의 혼란성 • 권력투쟁을 조장하는 경향 • 조직구성원에게 미치는 스트레스 • 조직역할의 모호성

④ 프로젝트 조직구조

과업의 결합으로 변화하는 환경적 문제를 해결하기 위한 조직구조이다. 프로젝트 조직구조는 특정한 목표를 달성하기 위하여 일시적으로 조직 내의 인적, 물적 자원을 결합하는 조직형태이다. 프로젝트 책임자는 조직 선을 넘어서는 통합적인 권한을 가진다(그림 10.9).

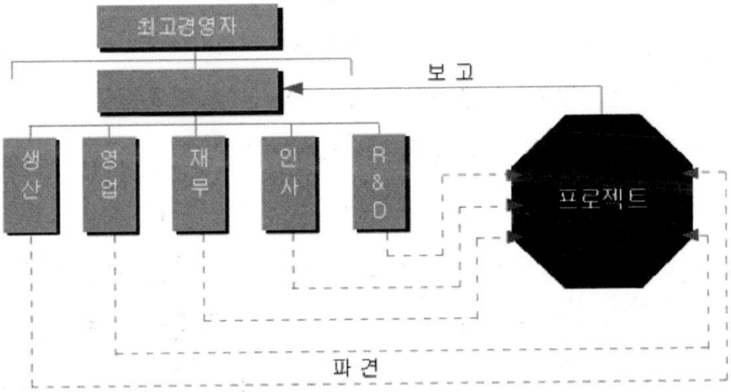

그림 10-9 프로젝트 조직

04 조직문화

1) 조직문화의 개념

문화는 사람들이 모이는 모든 곳에서 찾을 수 있다. 조직도 팀도 고유한 문화가 있고, 학교나 기업, 프랜차이즈에도 나름의 문화가 존재한다. 자원봉사자들이 시간과 에너지를 쏟는 자선 단체도 독특한 문화를 갖고, 심지어 각자의 가정에도 문화가 존재한다. 그렇다면 문화란 무엇일까? 간단히 정의하면 문화는 가치와 믿음 그리고 행동의 집단적 표현으로 구성원들은 거기에 어떤 식으로든 이바지한다. 문화는 또한 집단 공동의 우선순위와 구성원들이 서로 어떻게 관계를 맺기로 선택했는지가 표출된 것이다. 더 쉽게 말하면 문화는 우리가 놀이터에서 다른 사람들과 어떻게 놀이하는지를 일컫는다. 문화는 각 조직을 차별화시켜주는 가장 중요한 단일 요소이다. 어떤 이들은 문화가 전략을 능가한다고 말한다. 제품은 설계하여 다시 조립할 수 있고, 공정은 흉내 내고 모방할 수 있다. 그러나 문화는 당신이 무엇을 하는지를 훨씬 초월하는 개념이다. 그것은 모든 기업의 본질이요 심장과 영혼이며, 모든 조직의 본성이다. 또한, 문화는 반드시 깊고 세심한 주의를 기울여 열과 성을 다해 의도적으로 구축해야 한다.

리더들은 강력한 문화를 의도적으로 육성하는 것을 최우선 순위로 두어야 한다. 비록 형태는 달라도 문화가 없는 조직은 없으므로, 문화와 관련하여 정말 중요한 것은 문화가 있느냐 없느냐가 아니라 "문화를 의도적으로 설계할 것인가? 아니면 기본 설정을 관성적으로 따를 것인가?"이다. 리더들은 반드시 처음부터 의도적이고 신중하게 문화를 설계해야 한다. 동시에 조직 전반에 걸쳐 구성원들의 신체적, 심리적 건강은 물론이고 관계의 건강과 질에 지속해서 관심을 기울여야 한다. 번창하는 조직들의 공통점은 진정성과 신뢰에 토대를 두는 문화가 있다는 점이다.

조직문화(organizational culture)는 조직구성원들의 공유된 생활양식이나 가치이다. 조직문화는 한 조직체의 구성원들이 모두 공유하고 있는 가치관과 신념, 이데올로기와 관습, 규범과 전통 및 지식과 기술 등을 모두 포함한 종합적인 개념으로 조직 전체와 구성원들의 행동에 영향을 미친다.

조직의 구성원들은 조직문화 속에서 활동하고 있지만 이를 의식하지 못하는 경우가 많다. 조직문화에 자연스럽게 융화되어 생활하는 경우도 있지만, 새로운 직장으로 옮겼을 때와 같이 조직문화의 특징을 알지 못하여 조직적응에 문제를 일으키는 경우도 있다. 따라서 직업인들은 조직문화의 특징은 어떤 것이 있으며, 자신이 속한 조직은 어떤 특징을 가지는지를 이해할 필요가 있다.

2) 조직문화의 중요성

조직문화는 조직구성원들의 인지상태를 말해주고 행동방향을 제시해 주기 때문에 그리고 조직문화가 건전하냐 아니냐에 따라서 조직행동과 조직유효성에 큰 영향을 주기 때문에 중요시하지 않을 수 없다. 특히 조직문화는 직무수행에 적합한 장소적 특성, 행동방법에 대하여 의사결정을 하며, 조직에서 일어나는 인간관계에 강력하게 영향을 주는 등 중요한 역할을 담당하는데, 조직문화의 기능을 살펴보면

① 인간을 내면적으로 동기부여를 시키며, 공식적인 영향요인 이상으로 강력한 심리적 에너지를 일으킨다.

② 공식적 의사소통이나 통제의 부하를 경감시킨다. 즉 가치, 규범, 신념이 공유되며 외부의 명령이나 지시가 없어도 조직목적에 합치된 행동을 한다.

③ 공식적 규정과는 달리 어느 만큼의 불분명성과 다양성을 포함하므로

탄력적 행동을 가능케 한다.

④ 조직행동에 일정한 안전성을 지니게 하고 결과적으로 어떤 기업 이미지 즉 신용과 신뢰를 형성하게 되는데, 이것은 기업의 중요한 자원이 된다(이승호, 2008).

3) 조직문화의 기능

조직문화는 조직의 방향을 결정하고 존속하게 하는데 중요한 요인이다. 첫째, 조직문화는 구성원들에게 일체감과 정체성을 부여한다. 특히, 외부환경이 변하게 되면 조직구성원의 결속력을 강화시켜주는 역할을 한다. 둘째, 조직문화는 조직몰입을 높여준다. 조직구성원들은 조직에 소속감을 느끼고 조직의 목표를 달성하기 위하여 자신의 노력과 능력을 기울인다. 셋째, 조직문화는 구성원들의 행동지침으로 작용한다. 조직문화는 구성원의 사고방식과 행동양식을 규정하여, 구성원들은 조직에서 해오던 방식대로 업무를 처리하게 된다. 이는 조직문화가 구성원을 조직에 적응하도록 사회화하고 일탈적 행동을 통제하는 기능을 한다. 넷째, 조직문화는 조직의 안정성을 가져온다. 따라서 많은 조직들은 그 조직만의 독특한 조직문화를 만들기 위해 노력하기도 한다. 그러나 강한 조직문화는 다양한 조직구성원들의 의견을 받아들일 수 없거나, 조직이 변화해야 할 시기에 장애요인으로 작용하기도 한다.

4) 조직문화의 유형

인간의 욕구와 지각에 대한 가정을 기초로 하여 조직문화의 유형을 위계문화, 개발문화, 합리문화, 집단문화 등의 4가지 유형으로 구분하고 있다(민경호 외, 2006).

① 위계문화

인간의 안정 또는 안전의 욕구에 기초한 문화로서 계층조직이 뚜렷하고 상사의 감독과 통제가 중요시되며, 보수적이어서 조직구조가 변하기를 원하지 않는 기계적인 조직이며 관료적인 조직이 그 대표적이다.

② 개발문화

인간의 변화에 대한 욕구가 중시되는 조직문화로서 위험을 무릅쓰고 변화하고 발전하여 성장하려는 욕구가 강한 문화형태다. 즉 개발도상에 있는 국가는 환경변화가 심하고 변화의 속도가 빠르기 때문에 개발문화가 형성되기 쉽다.

③ 합리문화

성과를 중요시하는 문화형태로 개인목표와 조직목표를 강력하게 추구하고, 그 유효성을 강조하는 조직문화의 형태이다. 따라서 여기에서는 목표관리(MBO)에 의한 목표지향적인 리더십이 필요하다. 이런 문화는 Z이론에 의한 종신고용제도와 같은 일본식 문화에서는 별로 나타나지 않고 주로 미국사회의 문화적 특성을 말하는 미국식 조직문화에서 많이 나타난다.

④ 집단문화(group culture)

인간의 친화적 욕구에 기초한 문화로서, 특히 일본의 개인 목적보다는 집단이나 조직목적을 더 중시하는 집단주의와 화(和)를 중시하는 사회문화적 특성을 많이 반영하고 있는 일본식 경영 조직에서 많이 나타나고 있다. 한편 루소는 의식수준에서 본 문화의 체계를 기본가정, 가치관, 행위적 규범, 행위패턴, 물질적 가공물 등 5가지 구성요소들로 설명하고 있다. 이 구성요소들은 구성원 각자가 환경을 인식하여 무엇인가를 평가하고 사물을 판단하며 전략적인 차원에서 업무적인 차원에 이르기까지 다양한 의사결정을 수행하는 경우에 나타나는 공통의 가치관과 행동기준의 집합을 의미한다.

5) 조직문화 구성요소

조직문화가 어떻게 구성되는지를 이해하면 조직문화를 구체적으로 이해하는 데 도움이 된다. 미국 선진 기업의 성공 사례를 연구한 Peters와 Waterman의 저서 「In Search of Excellence」에서는 7-S 모형을 통해 조직문화의 구성요소와 이들의 상호작용을 개념화하였다. 이는 세계적 기업인 맥킨지(McKinsey)에 의해서 개발된 것으로 조직문화를 구성하고 있는 '7S'는 공유가치(Shared Value), 리더십 스타일(Style), 구성원(Staff), 제도, 절차(System), 구조(Structure), 전략(Strategy), 스킬(Skill)을 말한다(그림 10.10).

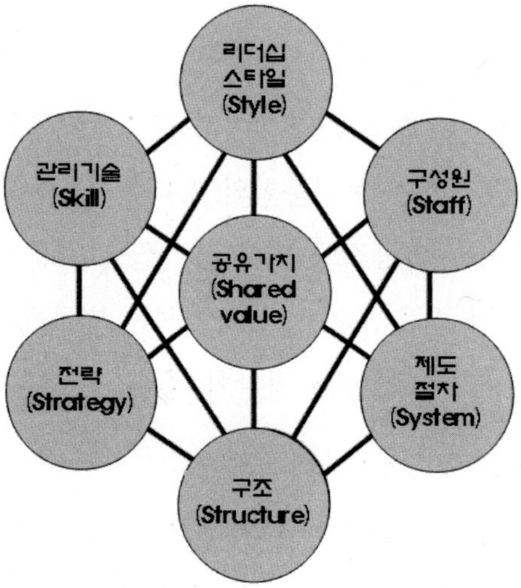

그림 10-10 조직문화 7-S모형

'공유가치'는 조직 구성원들의 행동이나 사고를 특정 방향으로 이끌어 가는 원칙이나 기준이다. '리더십 스타일'은 구성원들을 이끌어 나가는 전반적인 조직관리 스타일이다. 조직의 '구성원'은 조직의 인력 구성과 구성원들의 능력과 전문성, 가치관과 신념, 욕구와 동기, 지각과 태도 그리고 그들의 행동 패턴 등을 의미하며, '제도, 절차'는 조직 운영의 의사결정과 일상 운영의 틀이 되는 각종 시스템을 의미한다. '구조'는 조직의 전략을 수행하는데 필요한 틀로서 구성원의 역할과 그들 간의 상호관계를 지배하는 공식요소를, '전략'은 조직의 장기적인 목적과 계획 그리고 이를 달성하기 위한 장기적인 행동지침으로 경쟁에서 우위를 확보하는 방법을, '기술'은 하드웨어는 물론 이를 사용하는 소프트웨어 기술을 포함하는 요소를 의미한다. 이처럼 조직문화는 조직의 체제를 구성하는 구성원, 시스템, 구조, 전략 등과 밀접한 관계를 가지며 조직의 주된 특성이 된다.

읽을거리 **'가족 같은 기업 더 이상 안 돼'…직장 세대 차, '프로팀'처럼 극복해야**

"저 먼저 들어가 보겠습니다!" (팀 막내 A씨)
"팀 선배들은 업무가 남았는데 퇴근하면 되나?" (팀장 B씨)
"제가 맡은 일은 다 했는데요" (A씨)

대한상의가 발간한 '조직생활에서의 세대 차이 실태와 해법 분석 보고서'에 나온 사례 중 일부다. 직장 내 세대 갈등의 표면적 원인은 가족주의와 책임감을 강조하는 기존 문화와 효율성을 중시하는 새로운 문화의 충돌이었다.

하지만 근본적인 갈등 원인은 새로운 세대의 효율성과 합리성을 충족시키지 못하는 낮은 조직경쟁력이라는 분석이다.

대한상공회의소는 8일 '한국기업의 세대갈등과 기업문화 종합진단 보고서'를 통해 최근 이슈가 되고 있는 세대별 갈등의 특징과 갈등 상황을 진단하고 원인분석을 통해 조직관리 방향을 제시했다.

이번 보고서는 30개 대·중견기업에 소속된 직장인 약 1만3000명에 대한 실태조사를 기초로 세대별 심층면접(FGI)을 거쳐 작성됐다.

대한상의에 따르면 이번 실태조사에서 직장인 63.9%가 세대 차이를 느끼고 있다고 답했다. 연령별로는 20대 · 30대의 체감도는 각 52.9%, 62.7%인 반면 40대 · 50대는 각 69.4%, 67.3%로 윗세대로 갈수록 세대 차이를 크게 느끼고 있었다.

세대별 인식 차이를 보이는 '갈등 상황'은 정시퇴근에 대한 평가, 업무지시 방식, 회식을 비롯한 팀 활동 등이었다.

특히 회식에 대해 윗세대는 "회식은 상견례와 같아서 재미없지만 소통 위해 필요한

계륵"이라고 평가한 반면 아랫세대는 "의전의 연속인 회식으로 어떻게 소통이 되냐"며 소통은 일과시간에 하면 충분하다고 반응을 보였다.

대한상의는 이처럼 40대 · 50대와 20대 · 30대가 갈등을 빚는 근본 원인을 낮은 조직경쟁력에서 찾았다. 세대 갈등의 표면적 원인은 새로운 가치관을 가진 밀레니얼 세대의 사회 진출이지만, 보다 근원적인 요인은 조직이 '주먹구구'식으로 돌아가기 때문이라는 것이다.

실제로 이번 실태조사에서 직장인들은 본인이 속한 조직경쟁력을 합리성(44점), 역동성(44점), 공정성(24점), 개방성(20점), 자율성(39점)의 모든 세부영역에서 낮게 평가했다. 세대별 편차 역시 크지 않았다.

대한상의는 갈등의 근본 원인을 업무 역할과 프로세스 등이 모호해 개인 간 갈등이 생기고(합리성 부족), 혁신과 학습이 부족하니 리더가 환경변화에 뒤처지는 것(역동성 부족)으로 분석했다.

또한 비합리적 평가와 보상이 아랫세대의 적당주의를 부르고(공정성 부족), 자율성과 권한위임이 부족하니 윗세대와 갈등하게 되며(자율성 부족), 다양성을 존중하지 않는 경직된(개방성 부족) 기업문화로 세대 간 벽이 높아진 것으로 상의는 설명했다.

보고서는 세대갈등을 넘어서려면 피상적인 리더십 교육이 아니라 조직의 체질을 '가족 같은 회사'에서 '프로팀 같은 회사'로 개선해야 한다고 제언했다. 프로팀의 운영 공식인 '선수가 팀을 위해 뛸 때, 팀은 선수가 원하는 것을 준다'는 원칙을 도입해야 한다는 의미다.

이같은 기업문화를 도입하기 위한 방안으로는 '5R'을 제시했다. 가치 있는 헌신(Re-establish), 상호존중(Respect), 성과와 결과(Result), 보상과 인정(Reward), 훈련과 성장(Reboot) 등을 기업문화로 정립해야 한다는 제언이다.

박준 대한상의 기업문화팀장은 "조직의 지향점을 '프로팀'처럼 하면 리더는 프로팀 코치와 같은 역량을 갖추려 할 것이고, 부하 직원은 '프로 선수'와 같이 팀에 공헌해 인정받으려 할 것"이라며 "좋은 조직이란 결국 일하기 좋으면서도 경쟁력이 있는 조직"이라고 말했다.

출처: 권규용 '가족 같은 기업 더 이상 안 돼'… 직장 세대 차, '프로팀'처럼 극복해야 2020.04.08. 뉴스1(https://www.news1.kr/articles/?3899549)

조직문화 진단 척도

조직에 적응하기 위해서는 조직문화를 이해하는 것이 필수적이다. 다음은 Cameron과 Quinn(1999)이 개발한 조직문화 진단 척도이다. 이는 조직의 리더십, 조직의 관리, 조직의 관심사, 전략적 강조점, 성공척도 등 6가지 측면으로 집단문화, 개발문화, 합리문화, 계층문화 등 4가지 유형으로 구분하고 있다. 다음 예시와 같이 가, 나, 다, 라 중 자신의 조직을 가장 잘 설명하고 있는 항목부터 높은 점수를 주어 4개의 점수의 합이 100이 되도록 표시해 보자.

1. 조직의 주요특징		점수
가	우리 회사는 매우 개인적인 장소이다. 마치 대가족과 같다. 사람들은 그들에 대해서 많은 것을 공유하는 것 같다.	10
나	우리 회사는 매우 역동적이고 기업적이며, 직원들은 위험을 감수하고 모험을 꺼리지 않는다.	30
다	우리 회사는 결과를 매우 중요시하며, 성공적인 업무수행에 중점을 두며, 직원들은 매우 경쟁적이고 성과달성에 힘쓴다.	50
라	우리 회사는 매우 통제적이고, 조직화된 곳으로, 직원들의 업무는 회사 내부의 절차에 의해 통제된다.	10
총점		100

1. 조직의 주요특징		점수
가	우리 회사는 매우 개인적인 장소이다. 마치 대가족과 같다. 사람들은 그들에 대해서 많은 것을 공유하는 것 같다.	
나	우리 회사는 매우 역동적이고 기업적이며, 직원들은 위험을 감수하고 모험을 꺼리지 않는다.	
다	우리 회사는 결과를 매우 중요시하며, 성공적인 업무수행에 중점을 두며, 직원들은 매우 경쟁적이고 성과달성에 힘쓴다.	
라	우리 회사는 매우 통제적이고, 조직화된 곳으로, 직원들의 업무는 회사 내부의 절차에 의해 통제된다.	
총점		100

2. 조직의 리더십		점수
가	우리 회사에서 리더십이란 일반적으로 조언자, 촉진자, 양육자로서의 역할을 의미한다.	
나	우리 회사에서 리더십이란 일반적으로 기업가정신, 혁신, 위험 감수를 의미한다.	
다	우리 회사에서 리더십이란 일반적으로 합리적이고, 적극적이며, 결과 지향적인 것을 의미한다.	
라	우리 회사에서 리더십이란 일반적으로 조정, 조직화, 원활하게 움직이는 효율성과 같은 것을 의미한다.	
총 점		100

3. 조직의 관리		점수
가	우리 회사의 조직경영 방식의 특징은 팀워크, 합의, 참여이다.	
나	우리 회사의 조직경영 방식의 특징은 위험감수, 혁신, 자유, 독특성이다.	
다	우리 회사의 조직경영 방식의 특징은 경쟁심 고취, 높은 기대, 성과 중심적이다.	
라	우리 회사의 조직경영 방식의 특징은 고용안정, 규칙준수, 예측가능성, 안정성이다.	
총 점		100

4. 조직의 응집력		점수
가	우리 회사의 조직 응집력은 충성과 상호신뢰를 바탕으로 한다.	
나	우리 회사의 조직 응집력은 최첨단 기술에 대한 강조 등 기술혁신과 개발을 바탕으로 한다.	
다	우리 회사의 조직 응집력은 목표달성, 성취에 대한 강조이다. 적극적이고 경쟁에서 이기는 것이 공통의 주제이다.	
라	우리 회사의 조직 응집력은 회사 내부의 규율과 안정적이고 원활히 운영되는 조직을 유지하는 것이다.	
총 점		100

5. 전략적 강조점		점수
가	우리 회사는 인적자원개발을 중요시하며, 높은 신뢰도, 개방성, 참여도를 강조한다.	
나	우리 회사는 새로운 자원을 발굴하고, 도전하는 것을 중시하여 새로운 시도와 기회 창조를 높이 평가한다.	
다	우리 회사는 경쟁과 성과를 중시하여 시장에서 목표달성과 경쟁에서 이기는 것을 강조한다.	
라	우리 회사는 영속성과 안정성을 강조한다. 효율성, 통제, 원활한 운영이 중요하다.	
총 점		100

6. 성공의 기준		점수
가	우리 회사에서 성공은 인적자원개발, 팀워크, 헌신도, 동료에 대한 배려를 기준으로 평가한다.	
나	우리 회사에서 성공은 독특하고 새로운 상품개발 등 개발자나 혁신자로서의 모습을 기준으로 평가한다.	
다	우리 회사에서 성공은 시장 경쟁에서 이기고, 앞서가는 등 경쟁적인 시장을 이끌어 가는 것을 기준으로 평가한다.	
라	우리 회사에서 성공은 효율성이 기준으로, 신뢰성 있는 납품, 원활한 일정관리, 저비용 생산 등이 중요시된다.	
총 점		100

모두 응답한 후, 다음 빈칸에 해당 점수를 기입하고 가, 나, 다, 라별로 합산하여 보자. 가장 점수가 높은 유형이 그 조직문화가 된다.

구분	1. 조직의 주요특징	2. 조직의 리더십	3. 조직의 관리	4. 조직의 응집력	5. 전략적 강조점	6. 성공의 기준	합산 점수	조직문화 유형
가								집단문화
나								개발문화
다								합리문화
라								계층문화

〈결과 해석〉

조직이 유연하고 자유로운지 아니면 조직이 안정이나 통제를 추구하는지, 조직이 내부의 단결이나 통합을 추구하는지 아니면 외부의 환경에 대한 대응성을 추구하는지의 2가지 차원에 따라 집단문화, 개발문화, 합리문화, 계층문화의 4가지 문화로 구분하였다.

유연성 & 자율성 (flexibility & discretion)

집단문화 | 개발문화

내부지향 & 통합 (internal focus & integration)

외부지향 & 차별 (external focus & differentiation)

계층문화 | 합리문화

안정 & 통제 (stability & control)

조직문화 유형	주요 특징
가. 집단문화	관계지향적인 문화이며, 조직구성원 간 인간애 또는 인간미를 중시하는 문화로서 조직내부의 통합과 유연한 인간관계를 강조한다. 따라서 조직구성원 간 인화단결, 협동, 팀워크, 공유가치, 사기, 의사결정과정에 참여 등을 중요시하며, 개인의 능력개발에 대한 관심이 높고 조직구성원에 대한 인간적 배려와 가족적인 분위기를 만들어내는 특징을 가진다.
나. 개발문화	높은 유연성과 개성을 강조하며 외부환경에 대한 변화지향성과 신축적 대응성을 기반으로 조직구성원의 도전의식, 모험성, 창의성, 혁신성, 자원획득 등을 중시하며 조직의 성장과 발전에 관심이 높은 조직문화를 의미한다. 따라서 조직구성원의 업무수행에 대한 자율성과 자유 재량권 부여 여부가 핵심요인이다.
다. 합리문화	과업지향적인 문화로, 결과지향적인 조직으로써의 업무의 완수를 강조한다. 조직의 목표를 명확하게 설정하여 합리적으로 달성하고, 주어진 과업을 효과적이고 효율적으로 수행하기 위하여 실적을 중시하고, 직무에 몰입하며, 미래를 위한 계획을 수립하는 것을 강조한다. 합리문화는 조직구성원 간의 경쟁을 유도하는 문화이기 때문에 때로는 지나친 성과를 강조하게 되어 조직에 대한 조직구성원들의 방어적인 태도와 개인주의적인 성향을 드러내는 경향을 보인다.
라. 계층문화	조직 내부의 통합과 안정성을 확보하고 현상유지 차원에서 계층화되고 서열화된 조직구조를 중요시하는 조직문화이다. 즉, 위계질서에 의한 명령과 통제, 업무처리 시 규칙과 법을 준수하고, 관행과 안정, 문서와 형식, 보고와 정보관리, 명확한 책임소재 등을 강조하는 관리적 문화의 특징을 나타내고 있다.

학습정리

1. 조직목표는 조직이 달성하려는 장래의 상태로, 모든 조직은 목표를 가지고 있다. 조직의 목표는 미래지향적이지만 현재의 조직행동의 방향을 결정해 주는 역할을 한다. 조직목표는 다수일 수 있으며, 이들 사이에는 위계적 관계가 있다. 이러한 조직의 목표는 조직 전체의 성과, 자원, 시장, 인력개발, 혁신과 변화, 생산성 측면에서 분류될 수 있다.

2. 일 경험을 할 때, 자신에게 주어진 업무를 혼자서 수행할 수 없으며 조직구성원들과 상호작용해야 한다. 조직구조는 조직 내의 부문 사이에 형성된 관계로, 조직목표를 달성하기 위한 조직구성원들의 유형화된 상호작용과 이에 영향을 미치는 매개체이다.

3. 조직구조에는 조직의 전략과 규모, 기술, 환경 등이 영향을 미친다. 이에 따라 기계적 조직과 유기적 조직으로 조직구조가 구분되고, 조직 활동의 결과 조직성과와 만족을 가져온다. 조직은 환경의 변화에 적절하게 대응하기 위하여 환경에 따라 조직의 구조가 달라지며 오늘날과 같은 급변하는 환경에서는 유기적 조직이 적합하다.

4. 조직구성원은 조직 내에 여러 집단에 소속된다. 집단은 조직구성원들 몇 명이 모여서 일정한 상호작용의 체제를 이룰 때에 형성된다. 집단에는 공식적 집단과 비공식적 집단이 있으며, 집단 간의 상호작용을 위해 노력해야 한다.

11
CHAPTER

조직의 의사결정과정

학습목표

1. 커뮤니케이션의 개념과 과정을 설명할 수 있다.
2. 커뮤니케이션의 동기를 설명할 수 있다.
3. 커뮤니케이션의 유형에 대해 설명할 수 있다.
4. 커뮤니케이션 장애와 극복에 대해 설명할 수 있다.

01 커뮤니케이션의 개념과 과정

1) 커뮤니케이션의 개념과 특징

커뮤니케이션(communication)은 사람들끼리 상호작용하는 의사표현. 몸짓, 그림, 기호 등의 수단을 통해 서로의 의사나 감정, 생각을 주고받는 일을 말한다. 라틴어의 '나누다'를 의미하는 'communicare'가 어원이며 우리말로 '의사소통'이라고 표현한다(다음백과). 커뮤니케이션은 인간의 모든 일상생활 속에서 사용되고, 리더십, 의사결정, 동기유발 등 조직 안에서도 사용된다. 조직 내 구성원 간에 직접적인 대화, 질의응답, 전화통화, 회의를 한다. 직장 내에서는 팩스, 메일을 비롯한 다양한 방법으로 커뮤니케이션을 한다. 커뮤니케이션은 개인과 개인, 개인과 조직, 조직과 조직 및 외부환경과를 연결해주는 과정이며, 나의 생각이나 아이디어, 감정 등, 내가 의도하는 바를 남에게 전달하는 과정이다. 커뮤니케이션은 조직의 핵심적 요소 중 하나이며, 커뮤니케이션 없이 조직은 존재할 수 없다.

2) 커뮤니케이션의 과정

커뮤니케이션과정은 발신자, 수신자, 메시지, 전달방법이라는 4요소로 구성된다. 발신자 입장에서는 커뮤니케이션하고자 하는 전달할 내용인 아이디어나 감정, 지시, 제안, 외적 환경에 대한 사실 등 상대방에게 전달하고자 하는 메시지의 자원을 생각해야 한다. 수신자 입장에서는 전달된 내용을 해석해서 이해한 다음, 피드백을 하거나 어떤 행동을 취해야 한다(그림 11.1).

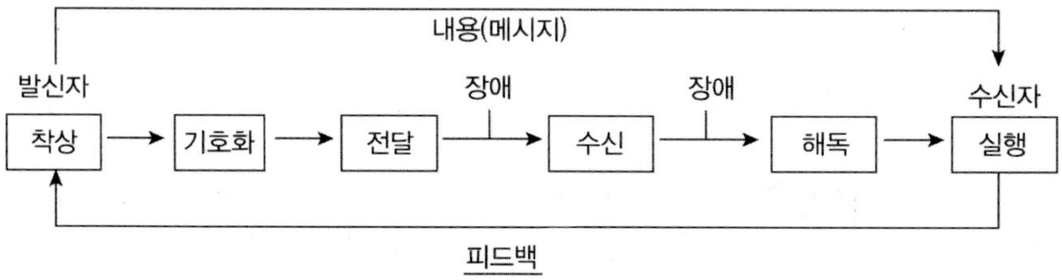

그림 11-1 커뮤니케이션의 과정

① 착상

착상은 조직에서의 커뮤니케이션은 상하 간, 부서 간의 업무를 조정하는 주요한 수단이면서 관련 기관 상호 간을 유기적으로 연결하는 방법이다. 발신자의 우선적 과제는 수신자인 어떤 개인이나 집단에 전달하고자 하는 아이디어나 메시지, 정보를 생각해내고 개발한다.

② 기호화

기호화는 전달하고자 하는 메시지는 수신자가 이해할 수 있도록 언어나 비언어, 단서, 그림, 도표와 같은 일반적 의미가 통하는 상징이나 기호로 옮긴다. 발신자와 수신자 사이의 상징에 대한 해석이나 의미부여가 일치할수록 원래의 의도를 달성하게 되고 양자 간의 이해 정도가 높아진다.

③ 전달

전달은 메시지를 연결하는 것이다. 메시지는 발신자와 수신자 사이를 특수한 전달방법을 통하여 연결된다. 예를 들면 전화, 컴퓨터통신, 전자통신, 팩스 등이 있다.

④ 수신과 해독

메시지가 전달되면 수신자는 잘 경청해야 하며, 문서로 전달되면 진술된 내용과 그 속에 함축된 의미에 관심을 가져야 한다. 해독이란 수신된 메시지의 의미를 인식하고 해석하는 것이다.

⑤ 실행

커뮤니케이션은 결과적으로 보았을 때 동기부여나 리더십의 효과 등 수신자의 행동 변화를 가져오기 위하여 하는 것으로서, 수신자는 커뮤니케이션을 무시할 수도 있고, 다음에 행동을 취하려고 보류할 수도 있으며, 그 외의 어떤 행동을 취할 수도 있으나 발신자에게 메시지를 받고 이해했다는 피드백을 취해야 한다.

⑥ 피드백

메시지에 대한 수신자의 반응이다. 피드백을 통해서 커뮤니케이션이 어느 정도 성공적인가 하는 것을 알 수 있고, 발신자와 수신자 간의 오해나 갈등을 조절하며, 미래의 커뮤니케이션을 교정하거나 수정하는 기초이다. 이 과정을 통해서 수신자가 발신자로 되며, 발신자가 수신자가 되는 쌍방적 커뮤니케이션의 순환과정을 형성하게 된다.

02 커뮤니케이션의 동기

사람은 왜? 커뮤니케이션을 하는 것일까? 이에 대한 질문에 제일 먼저 생각난 커뮤니케이션의 동기의 근원으로 사람은 사회적 동물이기 때문에 혼자 생활하는 데 한계를 가지고 있다. 또한, 서로 얼굴을 마주 대하는 면대면 상황에서의 커뮤니케이션 행위를 하고 자신의 욕구를 충족하려고 한다. 친구를 사귀고 유지하려는 욕구, 다른 사람을 사랑하고 사랑받고 싶은 욕구, 다른 사람을 지배하려는 욕구, 다른 사람과 어울리고 친분을 쌓고 싶은 욕구, 자신의 감정을 표출하려는 욕구, 상대방에 대한 환심을 얻으려는 욕구, 정보를 얻으려는 욕구를 충족하기 위해 다른 사람과 커뮤니케이션을 한다는 것이다(Devito, 2008; Infante, Rancer, & Avtgis. 2010).

이를 구체적으로 정리하면 6가지로 이해할 수 있다. 첫 번째, 기쁨과 즐거움을 주기 때문이다. 재미있고, 흥미롭고, 기운을 북돋워 주기 때문에 다른 사람에게 이야기를 한다. 두 번째, 좋은 감정을 표현하는 애정과 친교이다. 다른 사람에 대한 관심과 대화를 하며 감정을 교류한다. 세 번째, 유대감을 나누기이다. 다른 사람을 돕고, 감정을 교류하고, 다른 사람을 배려하고, 감사함을 전달하는 것과 같은 공감을 얻기 위해서이다. 네 번째, 현실에서 잠시 벗어나려는 도피이다. 답답한 현재의 상황에서 일시적으로 벗어나 자유와 평화를 찾기 위해서이다. 다섯 번째, 자신의 감정과 기분을 조절하기 위한 기분전환이다. 우울감과 분노 등의 감정을 조절하고 자신의 일상으로 돌아오기 위해서이다. 여섯 번째, 다른 사람으로부터 동의를 얻기 위해서이다. 다른 사람이나 어떤 상황을 지배하려는 통제 욕구를 반영된 것이다(Rubin, Perse & Barbato, 1988).

커뮤니케이션을 하는 동기는 개인적 상황에 따라서 다양하게 나타날 수 있다. 하지만 개인적인 커뮤니케이션과 조직 내 커뮤니케이션은 공통되면서 다름이 존재하는 부분을 함께 인식하고, 상황에 맞는 커뮤니케이션 동기가 이루어지는 것이 바람직하다.

03 커뮤니케이션의 유형

커뮤니케이션을 이해하기 위해서는 기본적인 커뮤니케이션 유형을 이해해야 한다. 커뮤니케이션의 유형은 크게 '방법'에 따른 유형과 '방향'에 따른 유형으로 나누어 볼 수 있다. 방법에 따른 커뮤니케이션은 커뮤니케이션의 핵심인 언어에 따라 구분되며, 방향에 따른 커뮤니케이션은 전체적인 흐름에 따라 구분된다.

1) 커뮤니케이션의 방법

커뮤니케이션 방법은 크게 2가지로 언어적 방법을 이용한 것과 비언어적 방법을 이용한 커뮤니케이션으로 구분된다. 언어적 커뮤니케이션을 구두 커뮤니케이션과 문서 커뮤니케이션으로 구분하기도 한다. 따라서 언어적 커뮤니케이션의 구두 및 문서 커뮤니케이션으로 설명하고, 비언어적 커뮤니케이션으로 구분하여 설명하고자 한다.

① 언어적 커뮤니케이션

언어는 커뮤니케이션의 핵심이다. 사람들이 상당수의 비언어 커뮤니케이션을 사용한다고 하더라도 언어의 사용 없이 의사소통하기란 한계가 있을 것이다. 조직 내 직원들은 구두 커뮤니케이션을 선호하는 경향이 있다. 대부분이 면대면으로 사람이 직접 만나 대화를 통해서 커뮤니케이션이 이루어진다. 직접적 목소리로 쉽게 이루어질 수 있다는 것이 특징이다. 메모나

편지를 쓰는 것에 비해 구두 커뮤니케이션이 훨씬 신속하고 편리하기 때문이다. 그리고 사람들이 말하거나 경청할 때 비언어적 단서들과 함께 즉각적인 피드백이 가능하기 때문이다.

하지만, 언어로만 메시지를 전달하는 데 생각보다 어려운 경우도 발생한다. 자신이 잘 하는 운동을 언어로만 초보자에게 가르친다는 것은 쉬운 일이 아니다. 어느 수준에서 언어를 사용하느냐에 따라 실체가 달리 표현되며 이에 따라 아주 다른 의미로의 이해나 전달이 생기기도 한다. 상대방의 입장에서 메시지를 이해할 수 있도록 하는 노력과 신규직원에게는 메시지를 전달하기 위한 그림도 활용하는 것이 효과적이다.

경청하기는 말하기와 글쓰기와 같이 매우 중요하다. 하지만 대부분이 좋은 경청자가 되지 못한다. 조직 내 중요내용을 듣고 난 후 내용이 무엇인지를 기억하는 것은 어려운 일이다. 직장에서 상호 협력하고 상대방을 이해하기 위해서는 경청능력을 향상시키려는 활동이 중요하다. 특히, 메시지를 잘 듣고 핵심정보를 잘 선택해야 하며, 정보를 해석하거나 평가를 해야 한다. 메시지를 잘 흡수하면서 무엇이 중요하고 무엇이 중요하지 않은 것인지를 판단해야 한다.

앞에서 이야기한 구두 커뮤니케이션은 문서 커뮤니케이션보다 더 직접적이며 효율성과 즉시성을 가질 수 있다는 장점이 있다. 하지만, 조직 생활에 있어 문서화의 필요성이 클 때가 많다. 근거를 반드시 남기거나 미래에 다시 참고해야 하는 사안일 경우, 메시지가 명확하며 공식적으로 포함되어야 한다. 이때는 문서 커뮤니케이션이 보다 효과적이다. 효과적인 커뮤니케이션을 위해서는 상황에 따라서 서로 다른 방법이 요구되기 때문에 상호 보완적으로 이루어지는 것이 필요하다.

② 비언어적 커뮤니케이션

커뮤니케이션하는 데 반드시 말(word, language)을 써야만 하는 것은 아니다. 아파트 붕괴사고 현장에서 매몰되어 있던 생존자가 구조대원 보낸 숨소리, 손발을 흔들어 대기, 공포에 떨고 있는 모습 등이 모두 커뮤니케이션이다. 비언어적 커뮤니케이션은 개인의 신체적 동작이나 얼굴표정과 시선 등을 통해 정보와 의미를 더 이해하는 데 도움이 된다. 누가 메시지를 전달하는데 핵심이 없이 주저주저 이야기한다면 두려움이 있거나 숨기는 것이 있음을 알 수 있다. 이는 준 언어 매체의 전달기능 때문이다. 목소리의 고저와 강약, 억양과 리듬이 언어의 보조수단이 된다. 기호, 단 음조, 큰 목소리, 짜증 섞인 투덜댐 등은 커뮤니케이션 내용을 이해하는 데 중요한 단서가 된다. 이와 같은 모든 것이 커뮤니케이션 매체가 되어 전달되는 메시지의 의미와 내용을 변화시키거나 확정해 주는 것이다.

비언어적 커뮤니케이션의 매체 외모와 행동으로 볼 수 있다. 얼굴, 눈, 옷, 장신구, 체격, 몸짓 등과 같은 많은 요소들이 언어는 아니지만 비언어로써 상대에게 많은 의미와 정보를 전달하는 것이다. 얼굴표정은 말보다 더 정확한 표현수단이 될 수 있다. 속에 있는 감정이 얼굴에 쓰여 상대방에게 말하고 있는 것이다. 커뮤니케이션 측면에서 가장 영향력 있는 얼굴 요소는 눈이다. 언어적 커뮤니케이션을 할 경우에 어느 정도 상호 간의 눈맞춤이 필수적이다. 쳐다보는 것은 흥미와 관심의 표현이 된다. 옷과 장신구는 성, 연령, 재정 수준, 계층, 기호, 문화, 정체성, 지위 등을 알려주는 정보의 기초가 된다. 움직임을 관찰하면 그 사람의 생각을 어느 정도 알아차릴 수 있을 만큼 몸짓은 커뮤니케이션에서 중요한 역할을 한다. 특히, 접촉은 따뜻함, 편안함, 안도감 등을 전달하는 중요한 수단이다.

가끔씩 커뮤니케이션 과정 중에 언어적 표현과 비언어적 표현이 충돌될 경우가 있다. 예를 들어 데이트에 이성친구가 늦게 나올 경우 화난 얼굴에 괜찮다고 이야기를 할 경우가 있다. 분명히 언어적으로는 괜찮다고 했지만 비언어적으로 괜찮은 것이 아니다. 이럴 경우 비언어적 표현이 진심일 경우가 많이 있으므로 관심을 기울여야 한다.

2) 커뮤니케이션의 방향

① 하향적 커뮤니케이션

조직구조상 위에서 아래로 정보를 전달하는 것을 의미한다. 조직 내 상사가 발신자가 되고 부하는 수신자가 되어 메시지가 전달되는 과정이다. 대부분의 조직에서 의사결정이 만들어지고 그다음은 그것을 수행할 구성원들에게로 전달된다. 하향식 메시지는 상사와 신입사원 간의 공식적인 면접, 워크숍이나 회의에서의 구두로 전달되는 상사의 지시 등을 말한다. 메시지는 또한 메모의 형태나 교습용 매뉴얼, 사보, 게시판, 기안문으로 된 정책입안서 등을 통해 전달되는 것이 일반적이다.

하향식 메시지가 중요한 것은 종업원 입장에서 보면 아래로 내려오는 메시지를 통해 자신들이 어떻게 행동하고 목적을 달성하기 위해 무슨 일을 해야 할지, 앞으로 직면할 어려움이나 미래에 나타날 것들을 예측하는 데 도움을 받기 때문이다. 국가의 정책이나 시, 도의 행정시책을 분명히 하고, 새로운 개혁과제에 관한 홍보와 이를 구현하는 데 필요한 정보를 일선에 알리는 데 매우 효과적이다. 누가, 무엇을, 무슨 통로로, 누구에게, 무슨 효과를 바라고 하는 것인가를 상사가 분명히 알고 행한다. 문제점으로는 일선의 실정을 모르고, 일선의 사업을 저해하는 무리한 지시가 전달되는 경우가 발생될 수 있다.

② 상향적 커뮤니케이션

조직 내 부하가 상사에게 의사를 전달하는 방식으로 아래에서 위로 올라간다. 문제의 해결이나 현명한 판단을 위해서 최고 의사결정자는 조직의 누군가로부터 도움을 받아야 한다. 회사가 종업원들의 고충을 들어주는 것이나 제안제도도 상향식 커뮤니케이션 수단의 일종이다. 상급자가 앞으로 나타날 미래 추세, 고객들의 불만, 시기적절한 시장의 변화를 알고 있는 일선 직원의 주장을 듣고 나서 정책에 반영하는 것은 매우 중요하다.

물론 위험한 측면도 있다. 일선 직원이 제출하는 보고서는 아주 좋은 내용만 담고 있다고 보장하기 어렵기 때문이다. 상사는 의사결정의 효과를 점검하고 조직의 분위기를 짐작하며 문제가 무엇인가를 알고 정보를 찾는다. 또한, 자신 개인이나 자기 부서에 유리한 정보만을 제공하려는 경향이 나타날 수 있다.

③ 수평적 커뮤니케이션

수평적 커뮤니케이션은 직원 간 또는 부서 간의 커뮤니케이션을 말한다. 같은 직위의 동료 간이나 부서 간에 이루어진다. 같은 수준의 부서 간에는 공감대가 크고 상하관계에서처럼 신분상의 부정적 영향 관계가 크지 않기 때문에 왜곡현상은 덜하다. 직원들이 과업을 조정하며 특히 복잡한 문제를 해결하거나 어려운 문제를 해결하려고 할 때 매우 필요하다.

수평적 커뮤니케이션을 잘 유도하는 조직은 부서들 간의 벽을 허물고, 조직 내 관료주의적 장벽을 없애면서 상호 협력하는 분위기를 만들어냄으로써 조직 전체의 생산성 향상을 가져오게 할 것이다. 특히 정보기술의 발달로 인해 보다 수월한 수평적 커뮤니케이션이 잘 이루어질 수 있게 되었다. 하지만 부서 간에 갈등이 있고 커뮤니케이션이 원활하게 이루어지지 못할 경우도 발생한다. 고등학교 경우 교무부와 연구부 간에 커뮤니케이션이 제대로 안 되면 고등학교 내 학생지도와 수입 진행에 많은 문제와 갈등을 야기될 수 있다.

3) 커뮤니케이션의 망

커뮤니케이션의 망은 집권과 분권의 정도에 따라 크게 바퀴형(wheel), 고리형(chain), Y형(Y), 원형(circle), 별형(star)의 다섯 가지 형태로 분류된다.

(1) 바퀴형

바퀴형은 두 계층으로 구성된 집단에서 각자 오직 한 사람에게만 커뮤니케이션하는 가장 구조화가 잘되고 집권적인 형태이다. 관리자(A)에게 각 팀원들(B, C, D, E)이 정보를 보내고 팀장이 의사결정을 하여 각 직원들에게 정보를 다시 보내는 형태이다(그림 11.2).

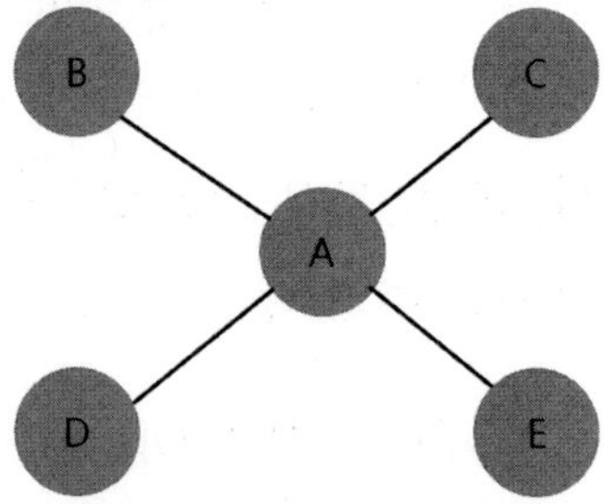

그림 11-2 바퀴형

(2) 고리형

고리형은 직속상관에게만 커뮤니케이션하는 집권적 형태이다. 예를 들어 직원(D)이 자기의 담당 대리(C)에게 보고하면, 담당 대리(C)는 과장(B)에게, 다시 과장(B)은 관리자(A)에게 보고한다(그림 11.3).

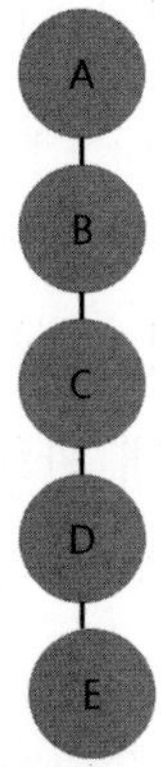

그림 11-3 고리형

(3) Y형

Y형은 같이 두 사람이 고리 밖으로 나가 있는 것 외에는 고리형과 유사하다. 회계담당 직원(E)과 행정 직원(D)가 담당 대리(C)에게 보고를 한다. 담당 대리(C)는 과장(B)에게 보고하면, 과장(B)은 관리자(A)에게 보고한다(그림 11.4).

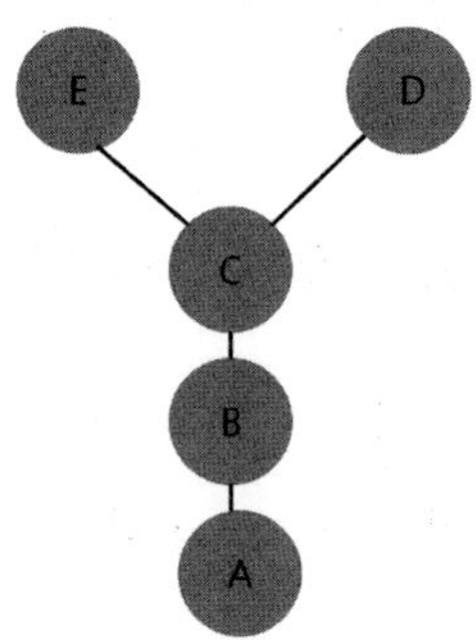

그림 11-4 Y형

(4) 원형

원형은 세 계층으로 된 조직에서 수평적이고 분권적으로 커뮤니케이션이 이루어진다. 각자가 동등한 커뮤니케이션의 기회를 가진다. 각자는 자기의 좌우의 사람에게 의사를 전달할 수 있다. 원형에서는 문제해결을 위한 쌍방적 커뮤니케이션의 길이 열려 있고 각자는 의사결정자가 된다(그림 11.5).

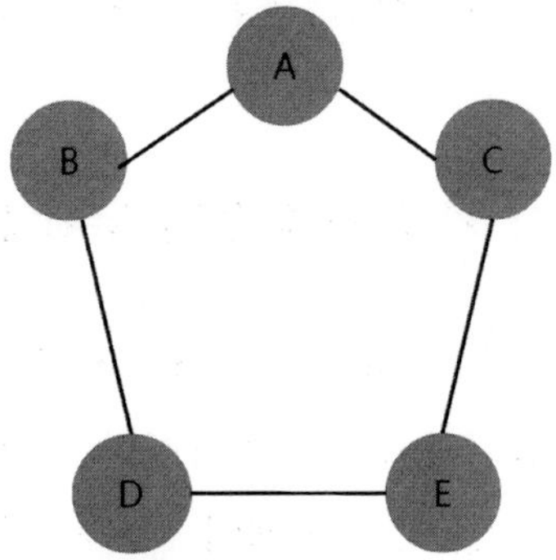

그림 11-5 원형

(5) 별형

별형은 원형의 확장 형태이다. 원형을 형성하고 있는 각자를 연결하면 별형이 된다. 모든 통로가 연결되어있는 것이 특징이다. 각자가 커뮤니케이션의 제한을 받지 않고 자유스럽게 모든 다른 사람과 기뮤니케이션이 가능한 분권적 형태이다. 공식적으로나 비공식적으로나 지도자가 없이 자유롭게 토의할 수 있는 위원회는 여기에 속한다(그림 11.6).

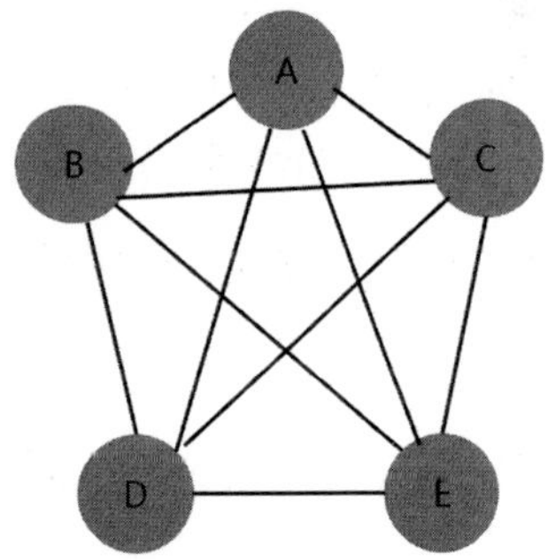

그림 11-6 별형

04 커뮤니케이션의 장애와 극복

1) 커뮤니케이션의 문제와 장애 요인

Bennett는 커뮤니케이션의 문제점을 5가지로 정리하였다. 첫째, 정보전달과정에서의 왜곡이다. 발신된 정보와 수신된 정보가 일치하지 않는다. 둘째, 특정 문제에 대해서 자신들이 가지고 있지 않은 정보를 다른 사람들은 알고 있다고 가정한다. 셋째, 무능력이나 태만은 무관심 때문에 사람들이 중요한 정보를 간과하거나 차단한다. 넷째, 때로는 상대방이 현 사태에 대해서 충분히 알 필요가 있는 것보다 커뮤니케이션을 덜 하고 있다. 다섯째, 비밀 정보체제가 잘못된 정보를 퍼뜨리는 것이다. 효과적인 커뮤니케이션에 개입하여 장애를 일으키는 것으로는 준거의 틀, 여과, 조직의 구조와 규모, 정보과다, 의미의 불확실, 지위 차 등을 들 수 있다.

2) 커뮤니케이션 장애의 극복

루넨버그(Lunenberg)와 온스타인(Ornstein)은 커뮤니케이션의 장애를 극복하기 위한 방안으로 반복, 감정이입, 이해, 피드백, 경청의 5가지를 들고 있다.

첫째, 반복이다. 동일한 메시지를 전화, 직접 대면의 토의, 메모, 편지 등 여러 통로를 통해서 되풀이해서 보내는 것이다.

둘째, 감정이입이다. 발신자는 수신자나 입장을 바꾸어 생각하는 역지사지는 여러 장애 요인을 줄이는 데 크게 기여를 한다. 감정이입은 다른 사람의 준거 틀을 이해하는 기법이다. 발신자와 수신자의 교육이나 문화 및 배경의 차이가 클수록 공통의 이해 기반을 찾으려는 노력이 더욱 필요하게 된다.

셋째, 이해이다. 상대방을 이해시킬 수 있는 메시지를 보내는 것이 필요하다. 이에 따른 기술로는 다음과 같다.

① 교육학적 용어나 복합적인 개념을 피하고 가능한 한 적절하며 직접적인 언어를 사용하여야 한다.

② 분명하고 완전한 정보를 제공하여 수신자의 인지 구조로 재조직될 수 있어야 한다.

③ 물리적, 심리적 환경에서 오는 소음을 최소화하여야 한다.

④ 상황에 적절한 다양하고 적절한 매체를 이용한다.

⑤ 복잡하거나 애매모호한 메시지를 보낼 때는 직접 대면하여 반복적으로 커뮤니케이션하는 방법을 이용하여야 한다.

넷째, 피드백이다. 구체적, 최근의 것, 시의적절, 즉각적이고 직접적인 것이라야 한다. 강제로 하여서는 안 되며, 언어적인 것뿐만 아니라 비언어적인 피드백도 인정해야 한다. 긍정적이고 중립적인 피드백보다는 부정적인 피드백을 꺼리는 경향이 있고, 형식적이고 가짜의 피드백도 있다는 것을 유의하지 않으면 안 된다.

다섯째, 경청이다. 청취는 귀로 하는 것이지만 경청은 마음으로 하는 것이다. 즉 그냥 귀를 통해 들리는 소리나 말은 청취이지만 의식적, 의도적으로 듣는 것은 경청이다. 남의 말을 경청한다는 것은 사회적인 예의이며 좋은 관리자, 교사로서, 동료로서 갖추어야 할 기본적인 태도이다.

학습정리

1. 커뮤니케이션은 사람들끼리 상호작용하는 의사표현, 몸짓, 그림, 기호 등의 수단을 통해 서로의 의사나 감정, 생각을 주고받는 일을 말한다.

2. 커뮤니케이션을 하는 동기는 친구를 사귀고 유지하려는 욕구, 다른 사람을 사랑하고 사랑받고 싶은 욕구, 다른 사람을 지배하려는 욕구, 다른 사람과 어울리고 친분을 쌓고 싶은 욕구, 자신의 감정을 표출하려는 욕구, 상대방에 대한 환심을 얻으려는 욕구, 정보를 얻으려는 욕구를 충족하기 위해 다른 사람과 커뮤니케이션을 한다.

3. 커뮤니케이션 방법은 크게 2가지로 언어적 방법을 이용한 것과 비언어적 방법을 이용한 커뮤니케이션으로 구분된다.

4. 커뮤니케이션의 장애를 극복하기 위한 방안으로 반복, 감정이입, 이해, 피드백, 경청의 5가지가 있다.

12
CHAPTER

경영이해 능력

01 경영의 개념 및 구성요소
02 조직 경영전략
03 경영참가 제도
04 SWOT 분석

학습목표

1. 경영의 개념 및 구성요소를 설명할 수 있다.
2. 조직경영전략을 설명할 수 있다.
3. 경영참가제도에 대해 설명할 수 있다.
4. SWOT에 대해 설명할 수 있다.

01 경영의 개념 및 구성요소

1) 경영의 개념

조직은 목적을 가지고 있기 때문에 목적을 달성하기 위하여 지속적인 관리와 운영이 요구된다. 경영이란 조직의 목적을 달성하기 위한 전략, 관리, 운영활동이다. 조직은 다양한 유형이 있기 때문에 모든 조직에 공통적인 경영원리를 적용하는 것은 어렵다. 그러나 특정 조직에게 적합한 특수경영 외에 일반경영은 조직의 특성에 관계없이 공통적으로 적용할 수 있는 개념이다.

2) 경영의 구성요소

경영의 구성요소에는 일반적으로 경영목적, 인적자원, 자금, 전략의 4요소가 있다. 경영목적은 조직의 목적을 어떤 과정과 방법을 택하여 수행할 것인가를 구체적으로 제시해준다. 조직의 목적을 달성하기 위해 조직을 이끌어 나가는 경영자는 조직의 목적이 어느 정도 달성되었는지 그리고 얼마나 효율적으로 달성되었는지에 대해 평가를 받게 된다.

인적자원은 조직에서 일하고 있는 구성원들로 이들이 어떠한 역량을 가지고 어떻게 직무를 수행하는지에 따라 경영성과가 달라진다. 경영자는 조직의 목적과 필요에 부합하는 인적자원을 채용하고 이를 적재적소에 배치, 활용할 수 있어야 한다.

자금은 경영활동에 사용할 수 있는 돈을 의미한다. 자금이 부족할 경우 원하는 경영목표를 달성하는 데 어려움을 겪게 된다. 특히, 이윤추구를 목적으로 하는 사기업에서 자금은 이를 통해 새로운 이윤을 창출하는 기초가 된다.

전략은 조직이 가지고 있는 자원을 효과적으로 운영하여 무엇을 해야 하며, 어떤 것을 달성해야 하는가를 알려준다. 즉, 경영전략이란 기업 내 모든 인적 물적 자원을 경영목적을 달성하기 위해 조직화하고, 이를 실행에 옮겨 경쟁우위를 달성하는 일련의 방침 및 활동이다.

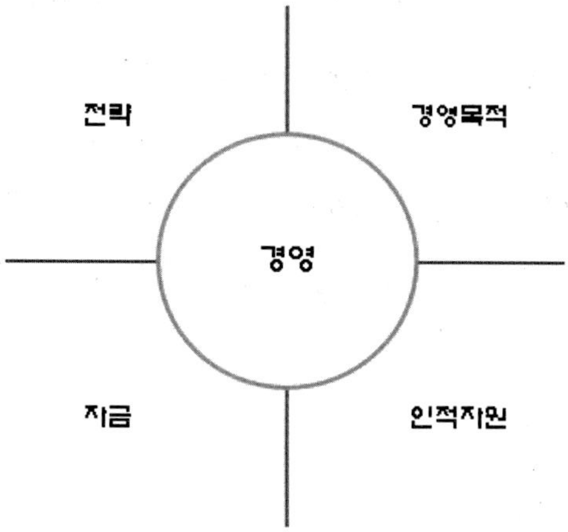

그림 12-1 경영의 구성요소

3) 경영의 과정

경영은 경영자가 경영목표를 설정하고, 경영자원을 조달·배분하여 경영활동을 실행하며, 이를 평가하는 일련의 과정으로 이해될 수 있다. 계획이란 조직의 미래상을 결정하고 이를 달성하기 위한 대안을 분석하고 목표를 수립하며 실행방안을 선정하는 과정이다. 이에 따라 경영실행이 이루어지며 이 단계에서는 조직목적을 달성하기 위한 활동들과 조직구성원을 관리한다. 경영실행에 대한 평가는 수행결과를 감독하고 교정하여 다시 피드백하는 단계로 이루어진다(그림 12.2).

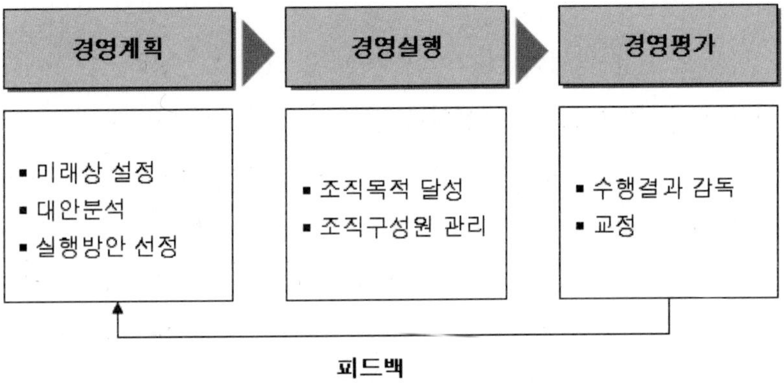

그림 12-2 경영의 과정

4) 경영활동 유형

경영활동은 외부경영활동과 내부경영활동으로 구분하여 볼 수 있다. 외부경영활동은 조직 내부를 관리하고 운영하는 것이 아니라 조직 외부에서 조직의 효과성을 높이기 위해 이루어지는 활동이다. 예를 들어 기업에서는 주로 시장에서 이루어지는 활동으로 총수입을 극대화하고 총비용을 극소화하여 이윤을 창출하는 것이다. 이는 대외적 이윤추구활동으로서 대표적으로 마케팅 활동이 있다. 한편, 내부경영활동은 조직 내부에서 인적, 물적 자원 및 생산기술을 관리하는 것이다. 여기에는 인사관리, 재무관리, 생산관리 등이 해당이 된다.

02 조직 경영전략

조직 경영전략은 조직이 변화하는 환경에 적응하기 위하여 경영활동을 체계화하는 것으로, 전략은 목표가 아니라 목표달성을 위한 수단이 된다. 경영전략의 수립은 기업이 가진 미션과 비전으로부터 출발한다. 미션은 그 기업이 무엇을 추구하는 회사인지를 말해주는 것으로 변하지 않는 회사의 경영 이념이며 기업의 사명이다. 반면, 비전은 그 기업이 나아갈 방향이나 미래에 도달하기를 원하는 목표로, 구체적인 모습으로 표현이 되며 기업의 상황이나 환경변화에 따라 바뀔 수 있다. 경영전략은 바로 그 기업의 최종 비전을 달성하기 위한 계획을 의미하며, 비전 달성을 위해 어떻게 할 것인가에 대한 구체적인 활동을 정하는 것이다. 경영전략은 조직의 경영자가 수립하게 되지만, 모든 직업인은 자신이 속한 조직의 경영전략을 이해해야 조직목표를 달성하는데 기여할 수 있다.

1) 경영전략의 추진과정

조직은 먼저 경영전략을 통해 미래에 도달하고자 하는 미래의 모습인 비전을 규명하고, 전략목표을 설정한다. 전략목표를 설정하면 전략 대안들을 수립하고 실행 및 통제하는 관리과정을 거친다. 최적의 대안을 수립하기 위하여 조직의 내, 외부환경을 분석한다.

내외부 현황 분석은 조직을 둘러싼 외부 환경(산업동향, 경쟁자 동향 등)과 내부환경(기업자산, 노하우, 조직, 핵심 역량 등)을 분석하고 경영전략 수립에 참고할 시사점을 도출한다. 조직의 내·외부환경을 분석하는 데 유용하게 이용될 수 있는 방법으로는 SWOT 분석이 가장 많이 활용되고 있다. SWOT 분석에서 조직 내부환경으로는 조직이 우위를 점할 수 있는 장점(Strength)과 조직의 효과적인 성과를 방해하는 자원, 기술, 능력 면에서의 약점(Weakness)이 있다. 조직의 외부환경은 기회요인(Opportunity)과 위협요인(Threat)으로 나뉘며, 기회요인은 조직 활동에 이점을 주는 환경요인이고, 위협요인은 조직 활동에 불이익을 미치는 환경요인이다.

환경 분석이 이루어지면, 이를 토대로 전략을 도출한다. 조직의 경영전략은 조직전략, 사업전략, 부문 전략으로 구분할 수 있으며 이들은 위계적 수준을 가지고 있다. 가장 상위단계 전략인 조직전략은 조직의 사명을 정의하고, 사업전략은 사업수준에서 각 사업의 경쟁적 우위를 점하기 위한 방향과 방법을 다룬다. 그리고 부문 전략은 기능부서별로 사업전략을 구체화하여 세부적인 수행방법을 결정한다. 경영전략의 예로는 원가우위 전략, 차별화 전략 등이 있다. 경영전략이 수립되면 이를 실행하여 경영목적을 달성하고 결과를 평가하여 피드백하는 과정을 거친다(그림 12.3).

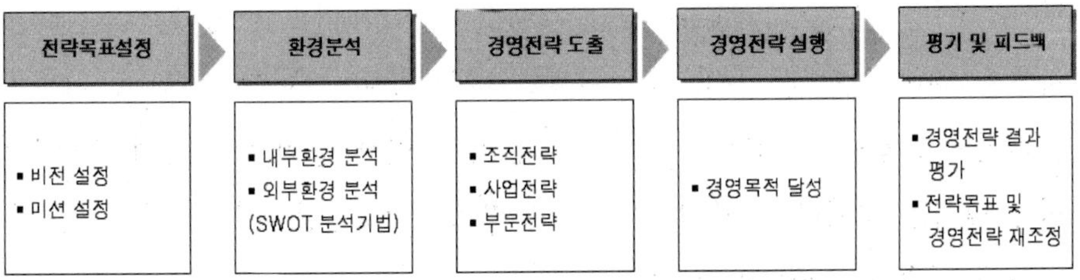

그림 12-3 경영전략의 추진과정

2) 경영전략의 유형

조직의 경영전략은 경영자의 경영이념이나 조직의 특성에 따라 다양하다. 이 중 대표적인 경영전략으로 마이클 포터(Michael E. Porter)의 본원적 경쟁전략이 있다. 본원적이라는 것은 기업의 유형(제조업, 서비스업 등)에 상관없이 모든 기업들에게 일반적으로 적용할 수 있다는 것을 의미한다. 본원적 경쟁전략은 해당 사업에서 경쟁우위를 확보하기 위한 전략으로 원가우위 전략, 차별화 전략, 집중화 전략으로 구분된다(그림 12.4).

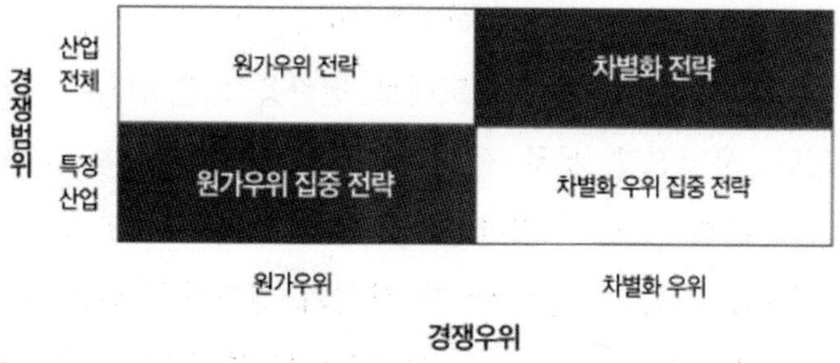

그림 12-4 본원적 경쟁전략

원가우위 전략은 경쟁자 보다 낮은 원가 구조를 확보하는 것이 핵심으로 원가절감을 통해 해당 산업에서 우위를 점하는 전략으로, 대량생산을 통해 단위 원가를 낮추거나 새로운 생산기술을 개발할 필요가 있다. 이 전략은 경쟁사 대비 저렴한 가격으로 승부하겠다는 것이 아니라, 기업이 이익을 올리면서도 신규 진입자나 경쟁자들의 가격 인하 공격에도 맞설 수 있는 힘을 갖자는 것이다. 하지만, 가격을 무기로 삼는 경쟁자가 언제든 나올 수 있기에 지속적인 노력이 필요하다.

차별화 전략은 경쟁사와 차별화되는 제품과 브랜드를 만들어 고객의 충성도를 올리는 전략이다. 차별화된 제품은 고객이 그 브랜드나 제품을 인정하고 더 비싼 비용을 지불하고도 그 제품을 사게 만든다. 차별화 전략을 활용하기 위해서는 연구개발이나 광고를 통하여 기술, 품질, 서비스, 브랜드 이미지를 개선할 필요가 있다.

집중화 전략은 특정 시장이나 고객에게 한정된 전략으로, 원가우위나 차별화 전략이 산업 전체를 대상으로 하는 데 비해 집중화 전략은 특정 산업을 대상으로 한다. 즉, 차별화 전략에서는 경쟁조직들이 소홀히 하고 있는 한정된 시장을 원가우위나 차별화 전략을 써서 집중적으로 공략하는 방법이다.

읽을거리 모나미의 부활을 이끈 고급화 전략

2000년대에 들어서면 스마트기기의 사용증가와 전산화는 문구업계에는 위기로 다가왔다. 단적인 예로 2000년대 초반에 천여 개가 넘었던 문구업체 수는 2014년에는 절반 이하로 급감하였다. 예전에 동사무소 등의 관공서나 일반 기업체 어느 곳에서나 흔하게 볼 수 있었던 '모나미 153' 볼펜은 국내에서 생산된 필기구 중에서 가장 널리 보급된 볼펜이었다. 이 '모나미 153'을 생산하던 필기구 업체 모나미는 기업 생존을 위해 다양한 사업 다각화를 시도하였으나, 경영실적은 오히려 악화되었다.

회사 실적이 저조했던 2013년에 모나미는 그동안 공을 들이던 '사업 다각화' 전략을 버리고 필기구에 집중하는 전략을 새로이 만들었다. 모나미의 CEO인 송하경 대표는 독일의 라미LAMY 펜의 성공적인 한국 시장 진출을 보면서 필기구인 펜의 본길에 대해 고민하였고, 펜이 가진 가치가 단순 필기도구에서 '액세서리'이자 동시에 '수집의 대상'으로 바뀌었음을 인지하였다. 이후 모나미는 자사가 가진 강, 약점을 분석하여 국민 펜이였던 '모나미 153'의 고급화 전략을 수립하였고, 그 실행 결과는 놀라웠다. 2014년에 한정 판매된 '모나미 153 리미티드 에디션'은 온라인 마켓 등장과 동시에 완판되었고, 특히 필기구 덕후(마니아)들에게 선풍적인 인기를 얻었다.

모나미는 한국인에게 친숙한 모나미 볼펜의 원형 디자인을 바탕으로 고급화 전략을 실행하여 독일의 라미LAMY와 같은 고급 필기구 브랜드 이미지 정착에 성공하였고, 이후 가방업체 샘소나이트, 출판사 문학동네 등 다양한 업체와의 컬래버레이션을 통해 연이은 성공신화를 쓰고 있다. 이러한 모나미의 성공은 외부환경의 변화와 자사가 가진 핵심 역량을 이해하는 것이 중요하고, 이를 어떻게 경영전략에 활용하는지를 보여주는 대표적인 사례라고 할 수 있다.

출처: 고형일(2019). 비전공자를 위한 경영학 수업, 대림북스.

03 경영참가 제도

조직의 구성원들이 경영에 참여할 수 있는 방법은 무엇이 있을까? 산업민주주의의 발달과 함께 근로자 또는 노동조합을 경영의 파트너로 인정하는 협력적 노사관계가 중시됨에 따라 이들을 조직의 경영의사결정 과정에 참여시키는 경영참가제도가 논의되고 있다. 특히, 최근에는 국제경쟁의 가속화와 저성장, 급격한 기술발전과 같은 환경변화에 따라 대립적인 노사관계만으로는 한계가 있다고 지적되면서 점차 경영참가의 중요성이 커지고 있다.

1) 경영참가제도의 목적

경영참가제도의 가장 큰 목적은 경영의 민주성을 제고하는 것이다. 근로자 또는 노동조합이 경영과정에 참여하여 자신의 의사를 반영함으로써 공동으로 문제를 해결하고, 노사 간의 세력 균형을 이룰 수 있다. 또한 근로자나 노동조합이 새로운 아이디어를 제시하거나 현장에 적합한 개선방안을 마련해줌으로써 경영의 효율성을 제고할 수 있다. 이를 통해 궁극적으로는 노사 간 대화의 장이 마련되고 상호신뢰를 증진시킬 수 있다.

2) 경영참가제도의 유형

경영참가제도는 조직의 경영에 참가하는 공동의사결정제도와 노사협의회제도, 이윤에 참가하는 이윤분배제도, 자본에 참가하는 종업원지주제도 및 노동주제도 등이 있다.

① 경영참가

경영참가는 경영자의 권한인 의사결정과정에 근로자 또는 노동조합이 참여하는 것이다. 대표적으로 노사협의회는 노사 대표로 구성되는 합동기구로서 생산성 향상, 근로자 복지 증진, 교육훈련, 기타 작업환경 개선 등을 논의한다. 경영참가의 초기 단계에서는 경영자층이 경영 관련 정보를 근로자에게 제공하고 근로자들은 의견만을 제출하는 정보참가 단계를 가진다. 정보참가 단계보다 근로자들의 참여권한이 확대되면 노사 간 서로 의견을 교환하여 토론하며 협의하는 협의 참가 단계를 거친다. 다만 이 단계에서 이루어진 협의결과에 대한 시행은 경영자들에게 달려있다. 마지막은 근로자와 경영자가 공동으로 결정하고 결과에 대하여 공동의 책임을 지는 결정참가 단계이다. 이 단계에서는 경영자의 일방적인 경영권은 인정되지 않는다.

② 이윤참가

이윤참가는 조직의 경영성과에 대하여 근로자에게 배분하는 것으로 조직체에 대한 구성원의 몰입과 관심을 높일 수 있는 방법이다. 이는 경영의 성과증진에 근로자 혹은 노동조합이 적극적으로 기여하고 그 대가로서 임금 이외의 형태로 보상을 받는다. 이윤참가는 생산의 판매 가치나 부가가치의 증대를 기준으로 성과배분을 하기도 한다.

③ 자본참가

자본참가는 근로자가 조직 재산의 소유에 참여하는 것이다. 이는 근로자가 경영방침에 따라 회사의 주식을 취득하는 종업원지주제도, 노동제공을 출자의 한 형식으로 간주하여 주식을 제공하는 노동주제도 등이 있다. 자본참가 방식은 근로자들이 주인의식과 충성심을 가지게 되고, 성취동기를 유발할 수 있으며, 퇴직 후에 생활자금을 확보할 수 있는 한 방법이 된다.

3) 경영참가제도의 문제점

경영참가제도를 통해 근로자들이 조직에 소속감을 느끼고 몰입하게 되어 발전적 협력이 가능하지만, 이는 모든 조직에 효과적이거나 반드시 확대되어야 할 제도는 아니다. 경영능력이 부족한 근로자가 경영에 참여할 경우 의사결정이 늦어지고 합리적으로 일어날 수 없으며, 대표로 참여하는 근로자가 조합원들의 권익을 지속적으로 보장할 수 있는가도 문제가 된다. 또한 경영자의 고유한 권리인 경영권을 약화시키고, 오히려 경영참가제도를 통해 분배문제를 해결함으로써 노동조합의 단체교섭 기능이 약화될 수 있다. 따라서 경영참가제도가 발전적으로 이루어지도록 근로자들의 경영능력을 기르고 경영자와 근로자 간 서로 협력할 수 있는 자세를 견지해야 한다.

04 SWOT 분석

SWOT 분석은 기업의 내외부 환경을 종합적으로 분석할 수 있는 기법이다. 환경 분석을 통해 강점(strength)과 약점(weakness), 기회(opportunity)와 위협(threat) 요인을 규정하고 이를 토대로 마케팅 전략을 수립하는 기법. 어떤 기업의 내부환경을 분석하여 강점과 약점을 발견하고, 외부환경을 분석하여 기회와 위협을 찾아내어 이를 토대로 강점은 살리고 약점은 죽이고, 기회는 활용하고 위협은 억제하는 마케팅 전략을 수립하는 것을 말한다.

SWOT 분석은 S(강점), W(약점), O(기회), T(위협) 각각의 항목에 대해 우리에게 해당하는 변수를 찾는 것부터 시작한다. 강점은 경쟁기업과 비교하여 소비자로부터 강점으로 인식되는 것은 무엇인지, 약점은 경쟁기업과 비교하여 소비자로부터 약점으로 인식되는 것은 무엇인지, 기회는 외부환경에서 유리한 기회요인은 무엇인지, 위협은 외부환경에서 불리한 위협요인은 무엇인지를 찾아낸다(그림 12.5).

[내부 환경 요인]

[외부 환경 요인]	강점(S)	약점(W)
기회(O)	**SO 전략** 기회의 이점을 얻기 위해 강점을 활용하는 전략 수립	**WO 전략** 약점을 극복하면서 기회의 이점을 살리는 전략 수립
위협(T)	**ST 전략** 위협을 피하기 위해 강점을 활용하는 전략 수립	**WT 전략** 약점을 최소화하고 위협을 피하는 전략 수립

그림 12-5 SWOT 분석을 이용한 전략 수립

대부분의 SWOT 분석은 이 네 가지 요소들을 나열하는 것으로 끝나는데, SWOT 분석의 목적은 이러한 요소를 조합하여 기업의 상황에 알맞은 대응전략을 수립하는 것이다.

기업의 내외부 환경은 언제든지 바뀔 수 있기 때문에 전략을 도출한 후에도 지속적인 모니터링을 통해서 필요하다면 핵심 전략을 재선정하고 실행해야 한다. 바뀌는 시장 상황에 따라 환경변화에 맞추어 전략을 조정하는 관심과 노력이 필요한 것이다.

강점과 약점, 기회와 위협으로 정리된 SWOT 환경분석으로 내외부 환경을 정리할 수 있으며, 도출된 네 가지 요소를 기반으로 실제 기업의 상황에 적합한 대응전략을 세울 수 있다(표 12.1).

① **SO전략**(강점-기회전략): 시장의 기회를 활용하기 위해 강점을 사용하는 전략을 선택한다.

② **ST전략**(강점-위협전략): 시장의 위협을 회피하기 위해 강점을 사용하는 전략을 선택한다.

③ **WO전략**(약점-기회전략): 약점을 극복함으로써 시장의 기회를 활용하는

전략을 선택한다.

④ WT전략(약점-위협전략): 시장의 위협을 회피하고 약점을 최소화하는 전략을 선택한다.

표 12-1 SWOT 분석을 이용한 대응 전략 수립

전략	대응전략 수립
SO 전략	강점을 살리고 기회를 이용한 전략 예 종업원 업무 및 교육 표준화를 통해 세계 시장 진출 시 빠른 현지 안정화 달성
WO 전략	약점을 보완하고 기회를 살리는 전략 예 현지 재료를 활용한 신제품 개발로 증가하는 외식 시장을 선점
ST 전략	강점을 살리고 위기를 기회로 바꾸는 전략 예 지갑이 얇아진 소비자를 위한 저렴한 가격대의 메뉴 제공
WT 전략	약점을 보완하며 위기를 극복하는 전략 예 현지 업체와의 합작을 통한 현지 경쟁력 확보

출처: 산업인력관리공단(2007).

스타벅스의 SWOT 분석을 이용한 전략 수립 예

우리 주변에서 쉽게 볼 수 있는 커피 브랜드인 스타벅스를 대상으로 SWOT 분석을 해보자.

- 강점(S: Strength) : 스타벅스의 강점은 무엇인가?
  - 엄청난 브랜드 인지도
  - 종업원의 전문적인 훈련, 가격 경쟁력(매뉴얼 등 수십 년간 축적된 운영 노하우)
  - 커피에 한정되지 않는 고퀄리티의 굿즈
- 약점(W: Weakness) : 스타벅스의 약점은 무엇인가?
  - 높은 가격
  - 따라 하기 쉬운 제품
- 기회(O: Opportunity) : 스타벅스에게 기회는 무엇인가?
  - 세계화 가능성 높음(글로벌 브랜드를 이용한 시장 개척 용이성)
  - 증가하는 커피 시장(현대인의 커피사랑으로 커피 시장은 지속 성장 중)

– 모바일 주문과 같은 기술의 발전

• 위협(T: Threat) : 스타벅스에게 위협은 무엇인가?

– 메가커피, 청자다방, 빽다방 등 저가 커피 경쟁사의 등장

– 성숙기에 접어든 포화된 산업

– 코로나19 등으로 인한 거리두기 문화

스타벅스의 SWOT 분석

강점(S: Strength)	기회(O: Opportunity)
• 엄청난 브랜드 인지도 • 종업원의 전문적인 훈련, 가격 경쟁력(매뉴얼 등 수십 년간 축적된 운영노하우) • 커피에 한정되지 않는 고퀄리티의 굿즈	• 세계화 가능성 높음(글로벌 브랜드를 이용한 시장 개척 용이성) • 증가하는 커피 시장(현대인의 커피사랑으로 커피 시장은 지속 성장 중) • 모바일 주문과 같은 기술의 발전
약점(W: Weakness)	**위협(T: Threat)**
• 높은 가격 • 따라 하기 쉬운 제품	• 메가커피, 청자다방, 빽다방 등 저가 커피 경쟁사의 등장 • 성숙기에 접어든 포화된 산업 • 코로나19 등으로 인한 거리두기 문화

활동

우리 주변에서 볼 수 있는 브랜드, 학교 또는 학과, 주변 조직을 대상으로 SWOT 분석을 해보시오.

- 강점(S: Strength) :
  –
  –
  –
  –
- 약점(W: Weakness) :
  –
  –
  –
  –
- 기회(O: Opportunity) :
  –
  –
  –
  –
- 위협(T: Threat) :
  –
  –
  –
  –

SWOT 분석

강점(S: Strength)	기회(O: Opportunity)
약점(W: Weakness)	**위협(T: Threat)**

학습정리

1. 경영이란 조직의 목적을 달성하기 위한 전략, 관리, 운영활동으로 특정 조직에게 적합한 특수경영과 조직의 특성에 관계없이 적용할 수 있는 일반경영이 있다. 경영은 경영목적, 구성원, 자금, 전략의 4요소로 구성되며 경영계획, 경영실행 및 경영평가의 단계를 거친다.

2. 조직의 구성원들은 경영참가제도를 통해 조직의 경영의사결정 과정에 참여할 수 있다. 경영참가제도는 경영의 민주성을 제고하고, 현장에 적합한 해결방안을 마련할 수 있다는 장점이 있다.

3. 조직 경영전략은 조직이 변화하는 환경에 적응하기 위하여 경영활동을 체계화하는 것으로 목표달성을 위한 수단이 된다. 경영전략의 추진과정은 전략목표를 설정하고, 내・외부환경을 분석하며, 경영전략을 도출하고, 이를 실행하여, 평가하는 과정으로 이루어진다.

4. 조직의 경영전략 중 해당 사업에서 경쟁우위를 확보하기 위한 본원적 경쟁전략은 원가절감을 통해 우위를 점하는 원가우위 전략, 생산품이나 제품의 차별화를 통한 차별화 전략, 특정 산업을 대상으로 하는 집중화 전략으로 이루어진다.

13
CHAPTER

업무이해 능력

학습목표

1. 업무의 특성파악을 설명할 수 있다.
2. 업무수행계획을 설명할 수 있다.
3. 업무수행시트를 작성할 수 있다.
4. 업무방해요인에 대해 설명할 수 있다.

01 업무의 특성파악

조직에서 업무는 상품이나 서비스를 창출하기 위한 생산적인 활동이다. 조직의 목적을 달성하기 위해 업무는 중요한 근거가 된다. 조직 내에서 구성원들이 수행하는 업무는 조직의 구조를 결정한다. 직업인은 자신이 속한 조직의 다양한 업무를 통해 조직의 체제를 이해할 수 있으며, 자신에게 주어진 업무의 특성을 파악하여 전체 조직의 체제 내에서 효과적으로 업무를 수행할 수 있다.

1) 업무의 종류

조직의 목적이나 규모에 따라 업무는 다양하게 구성될 수 있다. 예를 들어, 연구소에는 인사, 회계 관련 업무 외에 연구 개발업무가 있다. 또한, 같은 규모의 조직이라고 하더라도 업무의 종류와 범위가 다를 수 있다. 이처럼 업무의 종류를 세분화할 것인가, 업무의 수를 줄일 것인가의 문제도 조직에 따라 다양하게 결정될 수 있다. 이는 각 조직마다 외부적인 상황이 서로 다르고 오래 세월에 걸쳐 형성된 특유의 조직문화와 내부 권력구조, 그리고 성공여건 내지 조직의 강점과 약점이 서로 다르다는 점에서 그 원인을 찾을 수 있다. 대부분의 조직에서는 총무, 인사, 회계, 생산 등의 업무를 담당하며 각 업무의 예시를 제시하면 다음과 같다(표 13.1).

표 13-1 조직의 부서별 업무

부서	업무 (예)
총무부	주주총회 및 이사회개최 관련 업무, 의전 및 비서업무, 집기 비품 및 소모품의 구입과 관리, 사무실 임차 및 관리, 차량 및 통신시설의 운영, 국내외 출장 업무 협조, 복리후생 업무, 법률자문과 소송관리, 사내외 홍보 광고업무
인사부	조직기구의 개편 및 조정, 업무분장 및 조정, 인력수급계획 및 관리, 직무 및 정원의 조정 종합, 노사관리, 평가관리, 상벌관리, 인사발령, 교육체계 수립 및 관리, 임금제도, 복리후생제도 및 지원업무, 복무관리, 퇴직관리
기획부	경영계획 및 전략 수립, 전사기획업무 종합 및 조정, 중장기 사업계획의 종합 및 조정, 경영정보 조사 및 기획보고, 경영진단업무, 종합예산수립 및 실적관리, 단기사업계획 종합 및 조정, 사업계획, 손익추정, 실적관리 및 분석
회계부	회계제도의 유지 및 관리, 재무상태 및 경영실적 보고, 결산 관련 업무, 재무제표 분석 및 보고, 법인세, 부가가치세, 국세 지방세 업무자문 및 지원, 보험가입 및 보상업무, 고정자산 관련 업무
영업부	판매 계획, 판매예산의 편성, 시장조사, 광고 선전, 견적 및 계약, 제조지시서의 발행, 외상매출금의 청구 및 회수, 제품의 재고 조절, 거래처로부터의 불만처리, 제품의 애프터 서비스(after-sales service), 판매원가 및 판매가격의 조사 검토

2) 업무의 특성

조직 내에서 업무는 조직의 목적을 보다 효과적으로 달성하기 위하여 세분화된 것이므로 궁극적으로는 같은 목적을 지향한다. 이처럼 조직의 목적을 달성하기 위하여 업무는 통합되어야 하므로, 업무는 직업인들에게 부여되며 개인이 선호하는 업무를 임의로 선택할 수 있는 재량권이 매우 적다.

또한 업무는 조직 내 다른 업무와 밀접한 관련성을 가지고 있다. 즉, 업무가 독립적으로 이루어지지만 업무 간에는 서열성이 있어서 순차적으로 이루어지기도 하며, 서로 정보를 주고받기도 한다.

한편, 조직이라는 전체로 통합되기 위하여 업무는 다양한 특성을 가지고 있다. 개별 업무들은 요구되는 지식, 기술, 도구의 종류가 다르고 이들 간 다양성도 차이가 있다. 또한 어떤 업무는 구매에서 출고와 같이 일련의 과정을 거치는 반면, 어떤 업무는 상대적으로 독립되어 이루어지기도 한다. 연구, 개발 등과 같은 업무는 자율적이고 재량권이 많은 반면, 조립, 생산 등과 같은 업무는 주어진 절차에 따라 이루어지는 경우도 있다(표 13.2).

표 13-2 업무의 특성

- 공통된 조직의 목적 지향
- 요구되는 지식, 기술, 도구의 다양성
- 다른 업무와의 관계, 독립성
- 업무수행의 자율성, 재량권

02 업무수행계획

조직에는 다양한 업무가 있으며, 업무에 따라 이를 수행하는 절차나 과정이 다르다. 또한 개인의 선호도에 따라서 효과적인 업무수행 방법이나 노하우가 있다. 그러나 일반적으로 조직에서의 업무는 조직이 정한 규칙과 규정, 시간 등의 제약이 있다. 따라서 업무를 효과적으로 수행하기 위해서는 자신에게 주어진 자원과 제약요건을 확인하고, 이에 따라 구체적인 계획을 수립할 필요가 있다(그림 13.1).

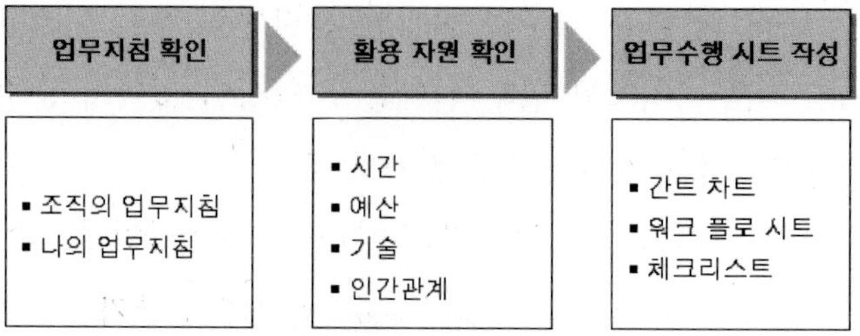

그림 13-1 업무수행계획

1) 업무지침 확인

업무지침은 업무를 수행하는데 안내자 역할을 한다. 특히, 조직의 업무지침은 개인이 임의로 업무를 수행하지 않고 조직의 목적에 부합될 수 있도록 안내한다. 따라서 업무를 수행하는 데 있어서 업무와 관련된 지침을 확인하는 것이 첫 단계이다.

한편, 직업인들은 조직의 업무지침을 토대로 개인의 업무지침을 작성할 수 있으며, 이는 업무수행의 준거가 되고 시간을 절약하는 데 도움이 된다. 개인의 업무지침을 작성할 때에는 조직의 업무지침, 장단기 목표, 경영전략, 조직구조, 규칙 및 규정 등을 고려하도록 한다. 다만, 조직이나 개인의 업무지침 모두 환경의 변화에 따라 신속하게 수정되지 않으면 오히려 잘못된 결과를 낳을 수 있으므로 3개월에 한 번 정도 지속적인 개정이 필요하다.

2) 업무 계획 설정

업무를 효율적으로 추진하기 위해서는 업무를 하기 전에 반드시 업무 범위를 명확하게 파악하여 목표를 정해야 한다. 업무범위란 일반적으로 업무의 요구사항과 제약사항을 포함한 것을 말한다. 업무의 요구사항은 업무를 지시하게 된 배경, 동기를 말하는 것이고, 업무의 제약사항은 시간, 예산,

인력 등을 말한다. 업무지침을 수립하면 자신에게 주어진 자원을 확인한다. 업무와 관련된 자원으로는 시간, 예산, 기술 등의 물적 자원과 조직 내·외부에서 공동으로 일을 수행하는 인적자원이 있다. 조직 내에서 이러한 자원들은 무한정으로 주어지는 것이 아니므로, 제한된 조건 하에서 효과적으로 활용할 수밖에 없다. 또한 자신의 업무를 수행하는데 요구되는 지식, 기술이 부족하다면 이를 함양하기 위한 계획을 수립해야 할 것이다.

업무 계획을 설정할 때는 업무를 지시한 상사의 의도를 파악할 것, 다른 부서의 의견을 들어볼 것, 의견들을 종합적으로 정리할 것, 이 세 가지를 명심해야 한다.

3) 업무의 분류

세부업무추진구조도(work breakdown structure, WBS)는 업무를 나열하고 분류해서 구조와 체계를 세운다는 의미로 이는 기존에 하고 있는 업무에 일을 하나 더 만드는 것이 아니라 업무를 좀 더 효율적으로 할 수 있는 방법을 제시해 주는 것이다(그림 13.2).

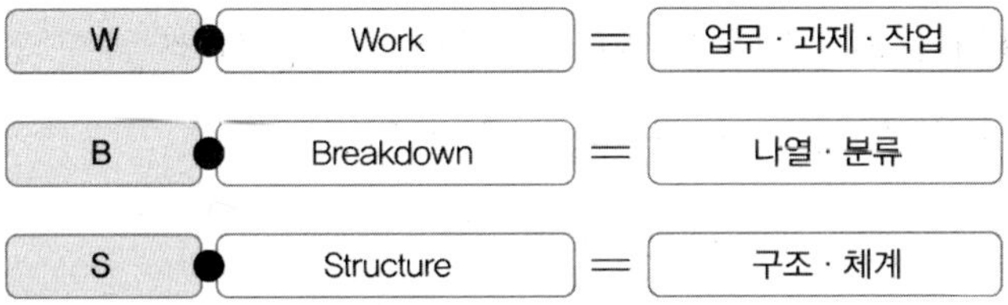

그림 13-2 세부업무추진 구조도

WBS를 제대로 작성하려면 업무를 구체적, 체계적, 효율적으로 나누어야 하는데, 이 같은 WBS를 작성하면 다음과 같은 장점이 있다.

첫째, 전체 업무를 쉽게 이해할 수 있다.

둘째, 업무 단위별로 비교, 측정이 가능하여 업무를 쉽고 정확하게 관리할 수 있다.

셋째, 중요한 업무가 누락되는 일이 없이 업무를 수행할 수 있다.

넷째, 업무관련자와 일관성 있는 의사소통을 할 수 있다.

다섯째, 업무수행의 표준화를 가능하게 할 수 있다.

WBS를 작성하려면 우선 필요한 업무들을 모두 나열한 뒤 업무단계를 나누어 상위업무부터 결정한 후 구체적으로 해야 할 세부 업무를 결정해야 한다. 번거롭지 않게 처음부터 세부항목을 나열해도 되는 것 아닌가 하고 생각할 수도 있지만, 항목 수가 많아서 누락된 업무가 있을 수도 있고 업무 간의 관련성을 파악하기도 쉽지 않다.

상위 업무가 결정되었으면 상위업무를 달성하는 데 필요한 세부업무들을 결정한다. 세부업무를 분류할 때는 업무담당자를 결정하고, 시간적으로 구분될 수 있을 정도까지 정해두는 것이 효과적이다. 이때 업무 간 관련성을 쉽게 파악하기 위해서는 이미 진행 하고 있는 업무도 포함시키는 것이 좋은데, 각 상위 업무에 대한 세부업무 목록을 작성해 보면 아래 그림 13.3과 같다. 이렇게 WBS를 작성해 보면 업무의 가이드라인이 잡히는 것을 알 수 있을 것이다. 그런데 실제로 WBS를 처음 작성하는 경우 해야 할 업무가 빠진 채 완료되는 경우가 많다. 따라서 작성한 WBS를 몇 번씩 검토하여 전체적인 업무흐름을 그려낼 필요가 있다.

그림 13-3 세부업무추진구조도 예

4) 업무수행 시트 작성

활용자원을 확인하면 구체적인 업무수행 계획을 수립한다. 이는 간트 차트, 워크 플로 시트, 체크리스트 등이 있으며 개인의 경험에 따라 자유롭게 작성할 수 있다. 업무수행 시트를 작성하면, 마지막에 급하게 일을 처리하지 않고 주어진 시간 내에 끝마칠 수 있으며, 세부적인 단계로 구분하여 단계별로 협조를 구해야 할 사항과 처리해야 할 일을 체계적으로 알 수 있고, 문제가 발생할 경우 발생지점을 정확히 파악하여 시간과 비용을 절약할 수 있는 장점이 있다.

03 업무수행 시트

1) 간트 차트(Gantt chart)

간트 차트는 미국의 간트(Henry Laurence Gantt)가 1919년에 창안한 작업진도 도표로, 단계별로 업무를 시작해서 끝나는데 걸리는 시간을 바 형식으로 표시할 때 사용한다. 이는 전체 일정을 한눈에 볼 수 있고, 단계별로 소요되는 시간과 각 업무활동 사이의 관계를 보여줄 수 있다. 최근에는 마이크로 엑셀 등의 프로그램으로 단계별 시작일과 종료일을 기입하면 쉽게 간트 차트를 만들어 사용할 수 있다(표 13.3, 그림. 13.4).

표 13-3 간트 차트를 작성하는 원리

- 수평으로 그어지는 막대는 시간의 길이와 양을 나타낸다.
- 막대의 길이로 실적의 진행도를 알 수 있다.
- 시간의 경과를 표시하기 때문에 유휴시간을 확인할 수 있다.
- 계획 작업량과 실제 작업량이 모두 직선 막대로 표시된다.
- 하나의 직선으로 시간의 동질성, 작업계획량의 변화, 작업실적량의 변화를 나타낸다.
- 막대의 길이는 작업에 대한 계획량과 실적량에 비례한다.

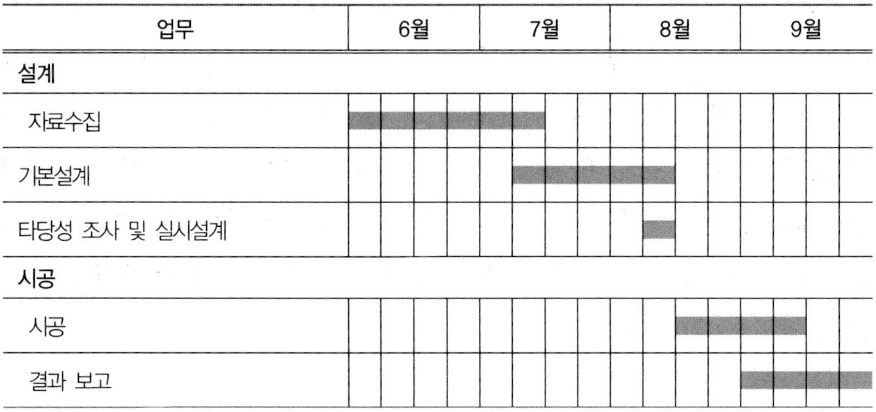

그림 13-4 간트 차트

활동 간트 차트 작성하기

여러분은 S대학 연구원입니다.
3~6월 4개월 동안 새로운 연구 프로젝트에 참가하려고 합니다. 연구 계획에 대한 간트 차트를 작성해 보세요.

업무	소요 기간
연구계획수립	14일
문헌고찰	14일
설문조사	21일
연구 보고서작성	21일
결과보고	7일

업무	3월				4월				5월				6월			

2) 워크 플로 시트(Work flow sheet)

워크 플로 시트는 일의 흐름을 동적으로 보여주는 데 효과적이다. 특히 워크 플로 시트에 사용하는 도형을 다르게 표현함으로써 주된 작업과 부차적인 작업, 혼자 처리할 수 있는 일과 다른 사람의 협조를 필요로 하는 일, 주의해야 할 일, 컴퓨터와 같은 도구를 사용해서 할 일 등을 구분해서 표현할 수 있다. 예를 들어 다음의 예시에서 사각형은 주된 업무를, 타원은 세부 절차를, 원은 시작과 종료를 나타낸다. 또한, 각 활동별로 소요시간을 표기하면 더욱 효과적이다(그림 13.5).

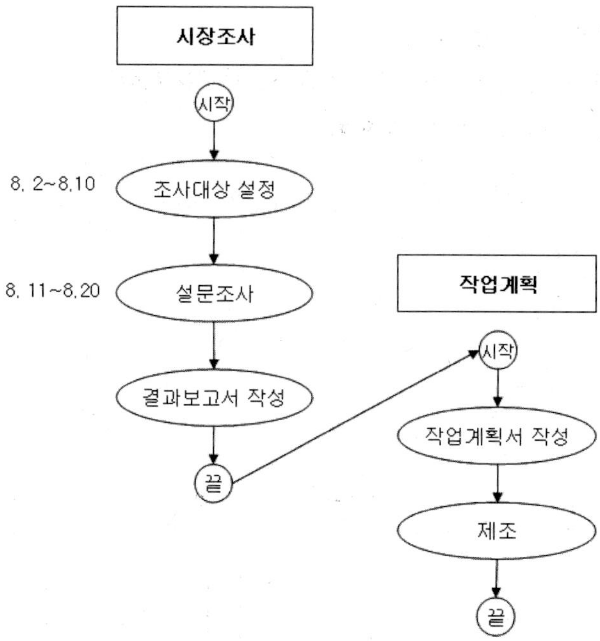

그림 13-5 워크플로시트

3) 체크리스트(Checklist)

체크리스트는 업무의 각 단계를 효과적으로 수행했는지 자가 점검해볼 수 있는 도구이다. 체크리스트는 시간의 흐름을 표현하는 데에는 한계가 있지만, 업무를 세부적인 활동들로 나누고 각 활동별로 기대되는 수행수준을 달성했는지를 확인하는 데에는 효과적일 수 있다(그림 13.6).

업무		체크	
		YES	NO
고객관리	고객 대장을 정비하였는가?		
	3개월에 한 번씩 고객 구매 데이터를 분석하였는가?		
	고객의 청구 내용 문의에 정확하게 응대하였는가?		
	고객 데이터를 분석하여 판매 촉진 기획에 활용하였는가?		

그림 13-6 체크리스트

04 업무 방해요인

업무를 수행하다 보면, 아무리 계획을 체계적으로 세웠다고 하더라도 여러 가지 방해요인에 의해 좌절감을 경험하는 경우가 있다. 이러한 방해요인들은 사소해 보이지만 생산성을 방해하는 가장 큰 주범이다. 따라서 업무를 효과적으로 수행하기 위해서는 이러한 방해요인에는 어떤 것이 있는지 알아야 한다. 특히, 방해요인들은 잘 활용하면 오히려 도움이 되는 경우도 있으므로 이를 효과적으로 통제하고 관리할 필요가 있다.

1) 방문, 인터넷, 전화, 메신저

다른 사람들의 방문, 인터넷, 전화, 메신저 등은 업무계획과 관계없이 갑자기 찾아오는 경우가 많다. 특히 최근에는 쉴 새 없이 쏟아지는 광고메일들을 정리하고 업무에 도움이 되는 메일을 선별하는 것이 문제가 되고 있다. 그러나 무조건적으로 다른 사람들과 대화를 단절하는 것은 비현실적이며 바람직하지도 않다.

이들을 효과적으로 통제할 수 있는 제1의 원칙은 시간을 정해 놓으라는 것이다. 반드시 모든 메일에 즉각적으로 대답할 필요가 없으며, 걸려오는 모든 전화에 그 시간에 통화할 필요는 없다. 하루 일과 중 메일을 확인하는 시간을 3시간에 10분 단위로 계획하거나, 외부 방문시간을 정하거나, 메신저에 접속하는 시간을 정한다. 또한 각 통화마다 3분 이내 통화원칙을 세우거나, 사적인 전화는 나중에 다시 걸겠다고 한 후 업무 시간 외에 통화하도록 한다.

2) 갈등관리

조직 내 갈등은 개인적인 갈등이 아니라고 하더라도, 집단적 갈등, 타 조직과의 갈등 등이 발생할 수 있다. 이러한 갈등은 업무시간을 지체하게 하고, 정신적인 스트레스를 가져오지만 항상 부정적인 결과만을 초래하는 것은 아니다. 갈등은 새로운 시각에서 문제를 바라보게 하고, 다른 업무에 대한 이해를 증진시켜주며, 조직의 침체를 예방해주기도 한다.

갈등을 효과적으로 관리하기 위해서는 먼저, 갈등상황을 받아들이고 이를 객관적으로 평가해보아야 한다. 갈등을 유발시킨 원인은 무엇인지, 장기적으로 조직에 이익이 될 수 있는 해결책은 무엇인지를 생각해본다. 그리고 갈등을 해결하는데 가장 중요한 것은 대화와 협상으로 의견일치에 초점을 맞추고, 양측에 도움이 될 수 있는 해결방법을 찾는 데 주력한다. 한편, 어떤 경우에 있어서는 직접적인 해결보다 일단 갈등상황에서 벗어나는 회피전략이 더욱 효과적일 수 있으므로, 갈등의 해결이 중대한 분열을 초래할 가능성이 있을 때에는 충분한 해결시간을 가지고 서서히 접근하도록 한다.

3) 스트레스

업무 스트레스는 새로운 기술, 과중한 업무, 인간관계, 경력개발 등에 대한 부담으로 발생한다. 과중한 업무 스트레스는 개인뿐만 아니라 조직에도 부정적인 결과를 가져와서 과로나 정신적 불안감을 조성하고 심한 경우 우울증, 심장마비 등 질병에 이르게 한다. 그러나 적정수준의 스트레스는 사람들을 자극하여 개인의 능력을 개선하고 최적의 성과를 내게 한다.

스트레스를 관리하기 위해서는 시간 관리를 통해 업무과중을 극복하고, 명상과 같은 방법으로 긍정적인 사고방식을 가지며, 신체적 운동을 하거나 전문가의 도움을 받는다. 조직 차원에서는 직무를 재설계하거나 역할을 재설정하고 심리적으로 안정을 찾을 수 있도록 학습동아리 활동과 같은 사회적 관계형성을 장려한다.

학습정리

1. 조직구성원은 업무를 수행하여 조직의 목적을 달성한다. 업무는 조직의 목적이나 규모에 따라 다양하게 구성될 수 있고, 다양한 특성을 가진다.

2. 조직구성원은 공통된 조직의 목적을 지향하고, 조직문화를 공유하거나 조직문화의 영향을 받지만, 업무에서 요구되는 지식, 기술 및 도구가 다르다. 또한 업무는 다른 업무와의 관계에서의 독립성, 업무수행의 자율성이 각각 다르다. 따라서 자신에게 주어진 업무의 특성이 무엇인지를 알고 이에 따라 효과적으로 업무를 수행해야 한다.

3. 업무를 효과적으로 수행하기 위해서는 사전에 계획을 수립할 필요가 있다. 먼저 조직과 나의 업무지침을 확인하고, 업무수행에 활용할 수 있는 자원과 보완해야 할 자원으로 시간, 예산, 기술 및 인적자원을 확인한다. 그리고 이를 토대로 구체적인 업무수행 시트를 작성한다.

4. 업무를 수행하다 보면, 아무리 계획을 체계적으로 세웠다고 하더라도 여러 방해요소를 경험하게 된다. 이러한 방해요인은 잘 활용하면 오히려 도움이 되는 경우도 있으므로 자신의 업무에 방해요소로 작용하는 것들이 무엇인지를 확인하고 이를 효과적으로 통제하고 관리할 필요가 있다.

14
CHAPTER

조직의 발전 방법

01 세계화
02 국제적 동향 파악
03 비즈니스 매너

학습목표

1. 세계화를 설명할 수 있다.
2. 국제적 동향파악을 설명할 수 있다.
3. 비즈니스 매너에 대해 설명할 수 있다.

01 세계화

세계는 이제 3Bs(국경: Border, 경계: Boundary, 장벽: Barrier)가 완화되고 있다. 국제간 물적, 인적자원의 이동이 자유롭게 되었으며 통신 산업의 발달로 네트워크가 형성되게 되었다. 이처럼 세계는 하나의 지구촌이라는 말로 표현될 만큼 밀접하게 서로 영향을 주고받으며 살아가고 있다.

1) 세계화란

세계화란 활동범위가 세계로 확대되는 것을 의미한다. 개인은 세계화에 따라 자유롭게 다른 나라로 이동을 하고, 다른 나라에서 생산된 상품이나 서비스를 이용한다. 조직은 세계시장에서 경쟁하고 살아남아야 하는 역량을 가져야 한다. 최근에는 다국적 내지 초국적 기업이 등장하여 범지구적 시스템과 네트워크 안에서 기업 활동이 이루어지는 국제경영이 중요시되고 있다. 또한 세계화는 경제나 산업 등의 측면에서 벗어나 문화, 정치와 다른 영역까지 확대되는 개념으로 이해되고 있다.

구체적으로 세계화에 따른 변화는 어떤 것이 있을까? 먼저 세계적인 경제통합은 가장 큰 변화이다. 20세기에 들어오면서 기업은 새로운 기술을 확보하여 세계적인 주도기업으로 국경을 넘어 확장하게 되었으며, 다국적 기업의 증가에 따라 국가 간의 경제통합은 강화되었다. 최근 우리나라는 칠레와 자유무역협정(Free Trade Agreement: FTA)을 체결하고, 미국과의 FTA 체결을 추진하는 등 국가 간 무역장벽을 없애기 위해 노력하고 있다. 이러한 경제적인 변화는 정치적인 전망이나 산업에 대한 조직들의 태도 변화를 야기하고 있으며, 전 세계적으로 국가에서 운영하거나 관리하던 공기업을 민영화하여 새로운 경쟁과 시장 환경이 조성되고 있는 추세이다.

2) 국제적 식견과 능력은 왜 필요한 것일까?

세계화가 이루어지면 조직은 해외에 직접 투자할 수 있으며, 원자재를 보다 더 싼 가격에 수입할 수 있고, 수송비가 절감되며, 무역장벽이 낮아져 시장이 확대되는 경제적인 이익을 얻을 수 있다. 반면에 그만큼 경쟁이 세계적인 수준에서 치열해지기 때문에 국제적인 감각을 가지고 세계화 대응 전략을 마련해야 한다.

세계화가 진행됨에 따라 조직구성원들도 다양한 문화의 사람들을 만나고 대화하며 거래 혹은 협상해야 할 일이 증가하고 있다. 조직의 시장이 세계로 확대되는 것에 맞춰 조직구성원들은 의식과 태도, 행동이 세계수준에 이르러야 한다. 그러나 세계 경제포럼(WEF)이 조사한 2006~2007년 국가 경쟁력 순위에서 한국인의 국제 감각은 2005년 19위에서 2006년 24위로 5단계나 떨어진 것으로 발표되어 국제적 식견이나 능력이 아직까지 부족한 실정임을 알 수 있다.

국제 감각은 단순히 영어만을 잘하는 것을 의미하지 않는다. 직업인은 국제 감각을 기르기 위하여 65억 인류가 살고 있는 세계를 하나의 공동체로 인식하고, 문화적 배경을 달리하고 있는 다른 나라 사람과의 효과적인 커뮤니케이션을 위해 각 국가의 문화적 특징, 의식, 예절 등 세계 각국의 시장과 다양성에 적응할 수 있는 국제적 감각을 가지는 유연성을 말하며, 자신의 업무와 관련하여 국제적인 동향을 파악하고 이를 적용할 수 있는 능력을 의미한다.

02 국제적 동향 파악

글로벌시대에 성공하려면 국제 감각을 길러야 한다. 국제 감각은 외국의 문화를 이해하는 것뿐만 아니라 관련 업무의 국제적인 동향을 이해하고 이를 업무에 적용하는 능력이다. 구체적으로는 각종 매체(신문, 잡지, 인터넷 등)를 활용하여 국제적인 동향을 파악하는 능력, 조직의 업무와 관련된 국제적인 법규나 규정을 숙지하기, 특정 국가에서 관련 업무 동향 점검하기, 국제적인 상황변화에 능동적으로 대처하는 능력들이 요구된다.

1) 국제동향 파악 방법

국제적인 동향을 파악하기 위해 직업인이 일상생활에서 실천할 수 있는 방법들은 다음과 같다. 국제 감각은 하루아침에 길러지는 것이 아니므로, 매일 규칙적으로 실행해서 축적해나가는 것이 중요하다.

- 관련 분야 해외사이트를 방문해 최신 이슈를 확인한다.
- 매일 신문의 국제면을 읽는다.

- 업무와 관련된 국제잡지를 정기구독 한다.
- 노동부, 한국산업인력공단, 산업자원부, 중소기업청, 상공회의소, 산업별인적자원개발협의체 등의 사이트를 방문해 국제동향을 확인한다.
- 국제학술대회에 참석한다.
- 업무와 관련된 주요 용어의 외국어를 알아둔다.
- 해외서점 사이트를 방문해 최신 서적 목록과 주요 내용을 파악한다.
- 외국인 친구를 사귀고 대화를 자주 나눈다.

2) 국제적인 법규나 규정 숙지하기

업무와 관련된 국제적인 법규나 규정을 제대로 이해하지 못하면 큰 피해를 입을 수 있다. 국제적인 법규는 국제적으로 통용되는 국제규정 외에 각 나라마다 산업 활동을 규제해 놓은 법이 있다. 예를 들어, 대부분의 나라에서는 광고나 해외투자 등에 대한 법률이 마련되어 있다. 우리나라에서는 합법적인 행동이 다른 나라에서는 불법적일 수 있다는 사실을 기억하고, 직업인은 국제적인 업무를 수행하기 전에 국제적인 법규나 규정을 알아보는 노력을 기울여야 한다.

03 비즈니스 매너

국제사회에서 직업인은 일을 하는 가운데 외국인과 적절한 커뮤니케이션을 하기 위해 노력해야 한다. 외국인들은 여행객들의 실수는 그냥 넘어가기도 하지만, 업무추진 중에 저지르는 실수에는 관대하지 않다. 조직을 대표하여 파견된 사람들이므로 직업인들의 실수는 자칫하면 조직 전체의 모습으로 비칠 수 있으며, 이러한 실수의 결과는 업무성과에 큰 영향을 미친다. 따라서 직업인은 자국문화 중심적으로 행동하지 않고, 다른 나라 문화를 순응하고 관습을 존중해 주어야 한다. 그러나 문화권마다 다른 관습과 행동양식을 가지고 있어서 공통된 기준으로 이해하기는 어렵다. 비즈니스에서 글로벌 경쟁력을 갖추기 위해 알아두어야 할 몇 가지 국제매너를 알아보자.

1) 인사하는 법

요즘 국제적으로 인사를 할 때 악수를 많이 한다. 사람에 따라서 악수를 할 때 친밀감의 표현으로 손을 꽉 잡는 사람도 있고, 예의를 표시하기 위해 손끝만 살짝 잡는 사람도 있다. 그러나 미국에서는 악수할 때에 손끝만 잡는 것을 예의에 어긋나는 것으로 생각한다. 따라서 영미권에서 악수는 일어서서, 상대방의 눈이나 얼굴을 보면서, 오른손으로 상대방의 오른손을 잠시 힘주어서 잡았다가 놓아야 한다. 또한 미국에서는 이름이나 호칭을 자신의 마음대로 부르지 않고 어떻게 부를지 먼저 물어보는 것이 예의이며, 인사를 하거나 이야기할 때에 너무 다가가서 말하지 않고 상대방의 개인 공간(personal space)을 지켜줘야 한다. 아프리카의 경우는 오히려 상대방과 시선을 마주 보며 대화하면 실례이므로 코끝 정도를 보면서 대화하도록 한다. 한편, 러시아와 라틴아메리카에서는 포옹을 주로 하는데, 우리나라 사람들은 포옹하거나 입을 맞추는 인사법에 익숙하지 않아 어색해하는 경우가 많다. 그러나 이는 매우 친밀함의 표현이므로 이를 이해하고 자연스럽게 받아주는 것이 좋다.

업무와 관련해서 사람들을 만나면 명함을 많이 주고받는다. 영미권의 명함은 사교용과 업무용으로 나누어지며, 업무용 명함에는 성명, 직장 주소, 직위를 표시한다. 업무용 명함은 악수를 한 이후 교환하며, 아랫사람이나 손님이 먼저 꺼내 오른손으로 상대방에게 주고, 받는 사람은 두 손으로 받는 것이 예의이다. 그리고 받은 명함은 한번 보고 나서 탁자 위에 보이게 놓은 채로 대화를 하거나, 명함지갑에 넣는다. 명함을 꾸기거나 계속 만지는 것은 예의에 어긋나는 일이다.

2) 시간 약속 지키기

각 문화권에 따라서 시간에 대한 관념이 다르다. 미국인은 시간을 돈과 같이 생각해서 시간엄수를 매우 중요하게 생각하여 시간을 지키지 않는 사람과는 같이 일을 하려고 하지 않는다. 반면, 라틴아메리카나 동부 유럽, 아랍지역에서는 약속된 시간 정각에 나오는 법이 없다. 시간 약속은 형식적일 뿐이며, 상대방이 으레 기다려줄 것으로 생각한다. 따라서 이 지역 사람들과 일을 같이 할 때에는 인내를 가지고 예의 바르게 기다려주는 것이 필요하다.

3) 식사예절

일하다 보면, 같이 식사를 하게 되는 경우가 있다. 이때 다음과 같은 매너를 지켜야 한다. 먼저 서양 요리에서 수프는 소리 내면서 먹지 않으며 몸쪽에서 바깥쪽으로 손가락을 사용한다. 또한 뜨거운 수프는 입으로 불어서 식히지 않고 숟가락으로 저어서 식혀야 한다. 빵은 수프를 먹고 난 후부터 먹으며 디저트 직전 식사가 끝날 때까지 먹을 수 있다. 빵은 칼이나 치아로 자르지 않고 손으로 떼어 먹는다. 음식 종류별로 생선요리는 뒤집어 먹지 않고, 스테이크는 처음에 다 잘라놓지 않고 잘라가면서 먹는 것이 좋다.

학습정리

1. 최근 글로벌화가 이루어지면서 일 경험의 활동무대도 세계 속으로 넓어지고 있다. 글로벌화는 활동범위가 세계로 확대되는 것으로, 조직은 세계시장에서 경쟁하고 살아남아야 하는 역량을 가져야 한다. 최근에는 다국적 기업이 등장하면서 범지구적 시스템과 네트워크 안에서 기업 활동이 이루어지는 국제경영이 중요시되고 있다.

2. 조직의 시장이 세계로 확대되는 것에 맞춰 의식과 태도, 행동도 세계수준에 이르러야 한다. 따라서 다른 나라의 문화를 이해하고 국제동향을 이해하며, 이를 업무에 활용하는 국제 감각을 키워야 한다.

3. 국제동향을 파악해서 업무에 적용할 수 있는 방법으로는 관련 분야 해외사이트 주기적으로 방문하기, 신문의 국제면 읽기, 국제잡지 구독하기, 해외서점 사이트에서 최신 서적 확인하기 등이 있으며, 국제 감각은 하루아침에 길러지는 것이 아니므로 매일 꾸준히 실행해야 한다.

4. 사람들은 하나의 문화권에 속한 사람이 다른 문화를 접하게 되었을 때 불일치, 위화감, 심리적 부적응과 같은 문화충격을 경험하게 된다. 문화충격에 대비하기 위해서 자신의 정체성은 유지하되 다른 문화에 대한 개방적인 태도를 견지하고 새롭고 다른 것을 경험하는 데 적극적인 자세를 가져야 한다.

5. 외국인과 함께 일하는 국제비즈니스에서 조직의 목적을 달성하기 위해 문화배경을 달리하는 사람과 커뮤니케이션을 하는 이문화 커뮤니케이션을 해야 한다. 이문화 커뮤니케이션은 언어적, 비언어적 커뮤니케이션으로 이루어진다.

6. 조직을 대표해서 외국에 파견된 사람들의 실수는 조직 전체의 모습으로 비치고, 이는 업무 성과에 큰 영향을 미치게 된다. 따라서 직업인은 나라별 주요 국제 매너를 숙지할 필요가 있다.

참고문헌

고형일(2019). **비전공자를 위한 경영학 수업**. 대림북스.

김욱동(2020). 팔로워유형 결정에 영향을 미치는 요인과 그 결과에 관한 연구 - 팔로워십 역량, 임파워링 리더십, 권력거리성향, 혁신행동, 직무성과를 중심으로 - 단국대학교 대학원

김재덕(2003). 신약성서에 나타난 예수의 리더십에 관한 연구. **교육행정학연구**, 21(4), 139-160.

김정기(2012). 커뮤니케이션 스타일, 동기, 주목도, 만족감, 교육효과의 관계. 스피치커뮤니케이션.

남정걸(2008). 평생교육경영학교육과학사. 2008.

라이너 K. 랑너, 배진아 역(2004). **남극의 대결 아문센과 스콧**, 생각의 나무.

류은영, 유민봉(2008). 변혁적, 거래적 리더십이 혁신행동에 미치는 영향에 있어 리더 감성지능의 매개효과: LISREL과 매개회귀분석을 적용하여. **한국행정학보**, 42(4), 151-177.

박나연(2021). 팀 리더의 코칭리더십이 조직유효성에 미치는 영향: 심리적임파워먼트의 매개효과를 중심으로 한양대학교 대학원.

산업인력관리공단(2007). 대인관계능력 학습자용 워크북.

산업인력관리공단(2007). 직업기초 모듈 프로그램 대인관계 능력 산업인력관리공단.

산업인력관리공단(2007). 직업기초 모듈 프로그램 조직이해 능력 산업인력관리공단.

서동훈(2009). 교회내 갈등해결을 위한 목회지원방안연구 장로회신학대학교

서몽몽(2021). 코칭 리더십이 조직몰입에 미치는 영향: 심리적 임파워먼트와 자기효능감의 역할 중앙대학교 대학원.

서지영(2012). 교사의 팔로워십 유형과 교원 성과급간의 관계. 국내석사학위논문 경인교육대학교, 인천.

심미자(2017). 여성정책논집 제10권. 리더의 핵심역량 커뮤니케이션 스킬에 관한 고찰

심석진(2012). 비즈니스협상의 영향요인분석을 통한 성과제고 방안에 관한 실증연구. 건국대학교.

양영권(2021). 협상론적 시각에서 본 교육정책 갈등사례에 관한 연구. 제주대학교.

양정원(2011). 외식업체 상사의 서번트 리더십이 부하직원의 직무만족과 조직몰입에 미치는 영향 (Doctoral dissertation, 한양대학교).

윤기선(2006). 협상 프로세스에 관한 연구: 협상전술, 정보교환, 그리고 협상성과 간의 관계. 연세대학교.

이나훔(2016). 국세공무원의 갈등관리유형이 직무성과, 고객지향성, 이직의도에 미치는 영향. 국내석사학위논문 서울대학교 행정대학원, 서울.

이상훈(2012). 리더십코칭프로그램이 대학생 멘토 자원봉사자의자기효능감 및 리더십생활기술에 미치는 효과. 광운대학교 대학원.

이태식, 함상우(2009). CEO의 윤리경영 실천의지와 조직성과의 관련성에 관한 연구: CEO에 대한 신뢰의 매개효과를 중심으로. **대한경영학회지**, 22(4), 2437-2457.

정미정(2021). 어린이집 원장의 코칭리더십이 임파워먼트와 교사효능감을 매개하여 보육과사의 행복감에 미치는 구조관계 협성대학교 대학원.

정석중, 강성관(2007). 호텔 연회판촉, 서비스팀 간 갈등원인과 조직 유효성 연구. **관광경영연구**, 33, 1-25.

정혜선, 공계순(2019). 어린이집 원장의 코칭리더십이 보육교사의 역할수행에 미치는 영향: 임파워먼트와 직무만족도의 매개효과 검증을 중심으로. **복지상담교육연구**, 8(2), 107-130.

조성주(2009). 업무실행의 기술 새로운 제안.

조영탁(2008). 임파워먼트를 위한 경영자의 베짱과 용기, 주간한국.

조은경(2007) 인센티브제도가 조직구성원의 조직몰입에 미치는 영향에 관한 연구 조선대학교대학원

천부경, 양난미(2013). 대학생의 대인관계 능력과 심리적 안녕감: 정서강도, 정서주의, 정서명확성, 정서표현양가성의 군집비교. 한국심리학회지.

최철수(2001). 여행사 종사원의 임파워먼트와 직무성과에 관한 연구. 경기대학교 대학원 박사학위논문, 20-21.

하소연(2012). 장애인복지관 종사자가 인식하는 리더십 유형이 조직유효성에 미치는 영향 -팔로워십의 조절효과를 중심으로-. 경성대학교 대학원.

한혜숙, 정용주(2013). 비언어적 커뮤니케이션이 지각된 서비스품질과 고객만족에 미치는 영향. **관광경영연구**, 17(2), 365-383.

Burns, E. M., & Ward, W. D. (1978). Categorical perception—phenomenon or epiphenomenon: Evidence from experiments in the perception of melodic musical intervals. *The Journal of the Acoustical Society of America, 63*(2), 456-468.

Drath, W. H., & Palus, C. J. (1994). *Making common sense: Leadership as meaning-making in a community of practice*. Center for Creative Leadership.

Den Hartog, D. N., House, R. J., Hanges, P. J., Ruiz-Quintanilla, S. A., Dorfman, P. W., Abdalla, I. A., ... & Zhou, J. (1999). Culture specific and cross-culturally generalizable implicit leadership theories: Are attributes of charismatic/transformational leadership universally endorsed?. *The leadership quarterly, 10*(2), 219-256.

Fleishman, E. A., & Harris, E. F. (1962). *Patterns of leadership behavior related to employee grievances and turnover*. Personnel psychology.

Jacobs, T. O., & Jaques, E. (1990). Military executive leadership.

Kelley, R. E. (1992). The power of followership: How to create leaders people want to follow, and followers who lead themselves. Broadway Business.

Hemphill, J. K., & Coons, A. E. (1957). Leader behavior: Its description and measurement. *Administrative Science Quarterly*, 6-38.

Katz, D., & Kahn, R. L. (1978). Organizations and the system concept. *Classics of organization theory*, 80, 480.

Rauch Jr, C. F., & Behling, O. (1984). Functionalism: Basis for an alternate approach to the study of leadership. In Leaders and managers (pp. 45-62). Pergamon.

Richards, D., & Engle, S. (1986). After the vision: Suggestions to corporate visionaries and vision champions. *Transforming leadership*, 199, 214.

Schein, E. H. (1992). How can organizations learn faster?: the problem of entering the Green Room.

Thomas, K. W., & Kilmann, R. H. (1974). Thomas-Kilmann Conflict Mode Instrument: Xicom Tuxedo, NY.

Wenzel, L. H. (2000). *Understanding managerial coaching: The role of manager attributes and skills in effective coaching*. Colorado State University.

Yukl, G. (2008). How leaders influence organizational effectiveness. *The leadership quarterly, 19*(6), 708-722.

권규용(2020). '가족 같은 기업 더 이상 안 돼'…직장 세대 차, '프로틴'처럼 극복해야 뉴스1(https://www.news1.kr/articles/?3899549)

김국진(2016). 〈협상의 기술 44〉 협상에서 이기기 위한 4가지 요소는? 넥스트 데일리 http://www.nextdaily.co.kr/news/articleView.html?idxno=19740

나무위키, 옥토버스카이 https://namu.wiki/w/%EC%98%A5%ED%86%A0%EB%B2%84%20%EC%8A%A4%EC%B9%B4%EC%9D%B4

디지털뉴스국(2020). 직장인이 꼽은 직장생활 스트레스 원인 1위는? 매일경제 https://www.mk.co.kr/news/society/view/2020/07/685531/

박동필(2019). 조직효과성에 대한 리더십의 효과 메타분석. 한양대학교.

서상범(2015). [영상] 0.001초의 싸움. 카레이싱 피트 스톱(PIT STOP)을 아십니까? 해럴드경제 http://news.heraldcorp.com/view.php?ud=20150708000063&a=99

열린협상연구소, [영화 속 협상] #002. 성공적인 협상이란? (선생 김봉두, 2003), 2016. http://www.opennegolab.com/movie/?q=YToyOntzOjEyOiJrZXl3b3JkX3R5cGUiO3M6MzoiYWxsIjtzOjQ6InBhZ2UiO2k6MTt9&bmode=view&idx=19074&t=board

온라인이슈팀(2014). '미생' 등장 '꽌시'는 무슨 뜻? 중국서 성공 위해 결정적인 '이것' 아시아경제 https://www.asiae.co.kr/article/2014121506570554275

전진우(2020). 삼성전자 조직도, 뉴시스 https://newsis.com/view/?id=NISI20201202_0000648255

천영준(2013). 설국열차 등장인물들로 본 경영 리더십. 매일경제 https://www.mk.co.kr/news/business/view/2013/08/784682/

최승우(2020). 직장인 퇴사 사유 1위는? 신입은 "상사 잔소리", 입사 25년차는 "사내 정치" https://m.segye.com/view/20201105513625

저자약력

■ **이종원**

연세대학교 재활학과 졸업

가톨릭대학교 대학원 보건학박사

전) 가톨릭대학교 의과대학 예방의학교실 연구계약교원

현) 서영대학교 교수

■ **김윤배**

건국대학교 사회복지학과 졸업

건국대학교 대학원 사회복지학박사

전) 서울시 등촌1종합사회복지관 과장

현) 서영대학교 교수

대인관계와 조직이해

초판 1쇄 발행 / 2022년 3월 7일
초판 2쇄 발행 / 2023년 8월 25일

●

공저자 / 이종원 · 김윤배
발행인 / 이 중 수
발행처 / **동 문 사**

●

서울특별시 서대문구 홍제원 1길 12
(홍제동 137-8)
Tel: 02)736-3718(대), 736-3710, 3720
Fax: 02)736-3719
등록번호: 1974.04.27 제9-17호
가격: 19,000원

●

ISBN: 979-11-6328-416-1(93330)
E-mail: dong736@naver.com
www.dongmunsa.com